FIRE
Nature and Culture

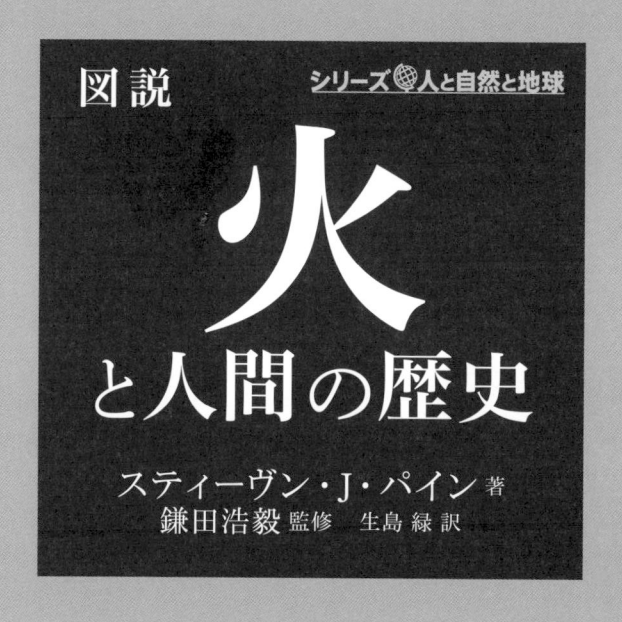

図説
シリーズ 人と自然と地球
火
と人間の歴史

スティーヴン・J・パイン 著
鎌田浩毅 監修　生島 緑 訳

Stephen J. Pyne

原書房

監修のことば

鎌田浩毅
（京都大学大学院人間・環境学研究科教授）

　太陽系の第三惑星である地球は、自ら光る太陽のような恒星ではない。しかし、人工衛星から夜の地球を見ると、宇宙に向けて光を発している（エピローグ参照）。こうした地球の夜景に浮かび上がる光源は、都市に住む人々が創り出した人工の灯りである。それは紛れもなく人類文明の証でもある。

　本書は火と人間の長年の関わりについて、地質学や化学などの自然科学だけでなく歴史学や文化人類学など多様な切り口で論じた力作である。著者はアメリカアリゾナ州立大学で環境史を専攻する教授で、「火の歴史家」という珍しい分野の世界的権威である。

　私たちが日常生活で当たり前のように使っている火は、実は生物の存在なしにはありえないものである。火を燃やすためには燃料と酸素が必要で、そのいずれもが地球の歴史の中で産み出された物質なのだ。たとえば、石炭・石油・天然ガスはすべて、地球上に生息していた生物が何千万年という時間をかけて地層に蓄積したものである。

　さらに、火が燃えるために必要な酸素でさえ、原始生物が物質代謝によって作り出したものなのだ。すなわち、今から20億年も前に光合成が始まったことにより、大気中に充満していた二酸化炭素が徐々に酸素に置き換わっていったのである（拙著『地学のツボ』ちくまプリマー新書）。

　もっとも進化した生物である人類は、火を入手し自らの力でコントロールすることを覚えた。暖をとり、害獣から身を守り、調理のために火を利用した。たとえば、貴重な蛋白源としての生肉に火を通すことによって、多くの栄養素を体内に摂取できるようになった。火の歴史とは、人が産み出す欲望の表出と言っ

ても過言ではない。

　人類の歴史には大きな転換点がある。狩猟採集で生きていた時代から、約1万年前に農耕牧畜を「発明」した時である。狩猟採集は他の動物も行っている生存手段で、宇宙から見たときにその存在が見えるわけではない。一方、農耕牧畜という効率的な手段を人類が習得したときから、人は地球環境を変える重要な構成要素となった。つまり、森林を伐採し、焼畑を行い、農地を作ることによって、地球上の物質とエネルギーの流れを変化させてきたのである。

　本書には森林火災と消火の事例がたくさん紹介されているが、森は地球環境を安定した状態に保つ上で鍵となる要素である。たとえば、太陽からやってきて地球に保持されるエネルギーは、地上を覆う森林の量で変わってくる。さらに降雨が土壌中に留まるか、もしくは川から海に流れてしまうかは、森林と耕作地の量によって規定される。アフリカの森から出て直立二足歩行を始めたヒトは、火の威力を存分に活用した。種の存続のために科学の火を利用する人類が、いかに環境を保全し他の生物と共存するかは、本書の主要なテーマでもある。

　第二部でも語られるように、人類の火の操作は着火と燃料の制御から始まった。落雷による着火以外には手段を持たなかった人間は、多種類の燃料を使いこなすようになった後、今度は消火のコントロールに全精力を向けるようになる。いかに科学が進んでも、自然界に発生する火をすべて防ぐことは不可能である。もし技術を用いて力づくで封じ込めようとすれば、予期せぬ災害を産み出す恐れがあるのだ。

　全5巻からなる本シリーズ「人と自然と地球」の中でも、『火と人間の歴史』では人間の営為が大きなテーマとして浮上する。すなわち、第1巻『地震と人間の歴史』や第2巻『火山と人間の歴史』のように、自然から一方的に影響を受ける受身の人間ではなく、自然と渡り合う歴史が興味深く描かれている。火と人間の歴史にまつわる壮大な取り組みを大いに味わっていただきたい。

目　次

監修のことば 3

プロローグ 7

第1部　野生の火　11
第1章　燃焼を創造する 12
第2章　大きく燃え、広く燃え、深く燃える 24

第2部　飼いならされた火　39
第3章　火の生き物 41
第4章　火の働き──人が介在する火の扱い 53
第5章　有名な火災──アンソロジー 74

第3部　火の文化　99
第6章　研究された火と作られた火 101
第7章　描かれた火 119
第8章　賛美された火 138

第4部　今日の火　155
第9章　大崩壊 157
第10章　メガファイア 174

エピローグ──ふたつの火の世界 188

原注 193
参考文献 197
関連団体とウェブサイト 199
図版 200
索引 201

火、変幻自在の存在。

プロローグ――三つの火

　その木は――枯れた倒木の残骸だが――メキシコ盆地のデシエルト・デ・ロス・レオネス国立公園にある。稲妻が細長い木片を削り取った幹には大きな亀裂が入り、その後に燃えたために外側が焦げて、深くえぐられた黒い筋が何本も走っている。この盆地の大気は汚染されていて、燃えた木はオゾンなどの有毒ガスのために枯れたと思われる。それから木は倒れ、その傷跡は科学的な検証の記録として残っている。傷や痛ましい焼け跡がある病んだ木の状態は、神の言葉を伝えているのかもしれない。

　この倒木が表すものは、見る者によって異なった受け止め方をされるだろうが、火に興味を抱く者にとってこの一片の木の切れ端は、地球上の燃焼の年代記をありのままに伝えてくれる。この年代記は３部からなっていると考えるとわかりやすい――自然界の水を研究する水文学の世界では水文循環という言葉を使うように、燃焼科学の世界では火の三角形という言葉で考えることが多い。火の歴史の１番目に挙がるものは自然に属する火であり、２番目は自然とともに働く人々に属する火、そして３番目は新しい火を生み出したプロメテウス［ギリシャ神話に登場するティタン神族の一人。火を持たなかった人間に火を与えゼウスから罰をうけた］的な人間に属するものである。

　１番目の時代は古生代［約５億4000万～２億5000万年前］初期に始まる。このときに、熱、燃料、酸素という火を構成するもの、いわゆる火の三角形が最初に現れ、細胞の外で燃焼が起こった。植物が地上に広がると、三角形を構成するものが新たに登場してきた。こちらは土壌、天候、炭化水素の燃料の粗雑な配列から成り、配列によってできた燃焼地帯が地上を移動していった。

人類が火を手に入れてからというもの、4億2000万年以上のあいだ（22ページ参照）、点火の元になったのは圧倒的に雷が多い。デシエルトのえぐられた針葉樹のように、雷が植物に落ち、一部が炎になって燃え上がったのである。

　それからここ200万年のあいだに、ヒトという属が火を手に入れ、やがて火を起こす能力を獲得した。元の三角形では、生物は燃料と酸素というふたつの辺を作り出したが、点火するには物理的なプロセスを経る必要があった。しかしこの時になって、生き物の世界が三角形の三つすべての辺を手に入れ、稲妻の影響は縮小したのである。ある生物種が点火の元になる大気の電気に取って代わり始めた、というだけではなく、ただひとつの種だけが取って代わったことが、重要なのだ。ホモ・サピエンスは火の扱いを独占し、これからも他の生物に独占権を渡そうとはしないだろう。

　人間は火の生態学における要(かなめ)になった。人々は火が自然状態で盛んに燃えていた場所で火を支配し、火がなかった所に運び、

燃えた木の幹、デシエルト・デ・ロス・レオネス、メキシコ。

火の力のありようを変化させた。屋内のかまどや炉であれ、地面であれ、人々は火を灯して広大な地上を作り変え、そうでなければ住める場所にしてきた。デシエルトの幹に残る焼け焦げは、おそらくそうした燃焼の結果だろう。人が介在する火は、火の歴史の三角形の2番目の時代にあたる。

　最後の時代はもっと新しく、まだ200年も経っていないだろう。この時代は産業の火の時代であり、化石バイオマスの燃焼という言葉で簡潔に説明できる。この燃焼は人工的な燃焼で、生物に左右されることもなく、季節と場所のバランスをとる必要もなく、専用の室内で起こる。古代にあったのは火を変化させる能力だが、ここから現代技術はパイプやワイヤーへと飛躍を遂げていった。人類は地質学的な過去から化石燃料を取り出して燃やし、地質学的な未来に燃焼による排出物を放出している。そして今日の人類は、有毒な排出物と温室効果ガスという重荷を背負うことになった。メキシコ盆地の大気汚染が産業的な燃焼によって引き起こされているのは、よく知られているところである。デシエルトの針葉樹の倒木が枯れたのは、おそらくこれが原因だろう。確かに周辺の茂みは、過剰なオゾンと沈殿した酸のせいか、元気がなく弱々しい。

　この針葉樹は地球の火の歴史をよく示している。最近まで、この歴史物語には少しの不可解さも意外さもなかった。火は地球に備わった存在であり、命ある世界は燃焼によって動いていて、何の規制も受けずに燃える炎とともに発展してきた。これが真の野火であり、人間の手からまったく離れて存分に燃えることができる。素人目には派手に燃えているだけのようにみえても、火にはそれなりの論理があり、一定の行動様式がある。人間の火の利用の仕方にも奇妙なところはない。火は人間という種の持ち物であり、人類が出現したときから人間というものを定義づける特質であって、人間の生態的な働きを決定し、長年にわたって各地で用いられてきた。そうして、生態系は火の一般的な規則性に順応していて、この規則は人間によって導かれている。この火にも、それなりの規範と規則が備わっている。火は人間以外の他の生物種が決して扱わないものである。
　しかしながら、産業的な燃焼は完全に人間の手によるという

点で、それ以前の火とは意味合いが異なっている。人の役割は非常に強力になったので、化石燃料を燃やす時代が特定の地質学上の年代を構成しているという考え方も出てきた。この年代はアントロポセン（人類の時代）と呼ばれ、火は地球の変化の指標になるだけでなく、変化を推し進める中心的役割も担っている。この話がとくに人を魅了するのは、三つの火が順を追って進化していくのでなく、同時に存在しているからである。三つの火は同じ時間と場所に収束し得る。デシエルト・デ・ロス・レオネス国立公園のひとつの倒木に、それぞれの痕跡を残したのである。

　北欧の伝説では、生きている世界がユグドラシルという巨木として表現される。木の下では運命を司る3人のノルンが糸を紡ぎ、織り、糸を切り取って、生命というタペストリーを作り上げる。デシエルトの針葉樹はシンボル的な火のユグドラシルであり、その下では燃料と火花と酸素が編みこまれて地球という惑星の命をつなぎ、形作っているのかもしれない。火は真の意味で生命の創造物であり、火がなければすべては死にたえて冷たくなるのだから。

第1部
野生の火

火の力、つまり「炎」……我々はつまらない化学名をつけているが、そうやって他の物すべてと同じく炎に内在する驚くべき性質を隠しているのだ……。
「炎」とは何なのだ？
　　　　　　トーマス・カーライル『英雄及び英雄崇拝』（1841年）

第1章　燃焼を創造する

　我々が火と呼ぶものは化学反応であり、自由に形を変える存在である。つまり、火はその場の状況によって性質が決まる。古代ギリシャ時代に提唱された四大元素の中で、火だけは物質でなく、それ自体を扱う明確な学問領域をもたない。火は環境によって作られるものである。

　水、土、空気とは異なり、火には重量がなく、刻々と変化しなければ存在できない。火そのものを取り出して運搬することはできず、吸い出したりほかの所に捨てたりもできない。火を運ぶのではなく、火を作る反応を可能にする物を運ぶのである。火のある環境を変えると、火の表情が変わる。有機質土壌をくすぶらせ、乾いた草や雑木に広がり、針葉樹の林冠に燃え広がっていくように、表情の変化がひとつの事象の中だけで起こることもある。ひとつの火でも姿はさまざまである。

　同様に、火そのものが研究されることはほとんどなく、他の学問領域の研究を通して理解される。酸化反応は化学の領域で研究される。発熱のメカニズムは、物理学か機械工学に属する。煙やプルーム（羽毛のような煙）は気象学からもくもくと立ち上り、生態への影響は生物学から掘り下げる。閉ざされた場での燃焼は工学の領域であり、開けた屋外での燃焼は林学の領域である。大学で唯一火を扱うのは、警報が鳴ったときに緊急車両を送る部門である。このように、火の定義は、この問題をどこに位置づけるかによって変わる。化学や物理学で扱うこともあれば、生物学や人類学の場合もある。それぞれの領域で、火の理解の仕方も変わる。

　およそ200年のあいだ、一般的には火は化学の領域で考えられてきた。ウェブスターのカレッジエイト・ディクショナリー

第9版では、火は「光、炎、熱によって提示される燃焼現象」と定義されている。「燃焼」は、燃えるという活動、あるいは「光と熱の放出に伴う［酸化という］化学的な過程」と順番に定義される。酸素が急速に炭化水素と結合した結果、火が生じる。この反応のプロセスを始めるには、火花、突発的な熱などのエネルギーが投入される必要があり、そうすると熱、光、種々の化学物質を生み出す（あるいは「放出する」）。このように、火は酸化反応という幅広い範疇に整然とおさまっている。鉄をゆっくり酸化させると錆が生じる。木材を素早く酸化させると、火が生じる。

　このように火について考えると、火のおかれている環境からいくつかの特質を分離して調べることができ、科学的研究が加速した。根源的な要素に目を向ければ、火の特質に基づく仕組みを作ることができる。こうして、パイロテクノロジー（火を使用する技術）は、人間のもつ多くの力を下支えしている。考案されたものは最終的には炎をまったく超越するかもしれない。または、緊密に作られた燃焼のために火を排除し、やがてはあらゆる種類の火を捨て去る日が来るかもしれない。けれども、このように火について考えていると、技術的な波及効果を生み出す場合もある。恰好のよいろうそくをデザインしたり、プロパンガスのバーベキュー用具ができたりするかもしれな

アルバート・ビアスタット、『大火災』、紙に油彩。

第 1 章　燃焼を創造する

い。火は自然環境では孤立した事象ではなく自然を統合するものだが、こうした考え方では自然環境にある火を思い浮かべるのが難しくもなる。自然という環境は、生物に緊密に関わっているからだ。

　実のところ、火は地球という惑星の周囲をふらふらと浮遊して時折炎上するような、さまよえる化学反応ではなく、地球上の生物に深く根をおろしたプロセスである。生き物は火を作り、火を持続させ、その生態系にめぐらせた網の中に火を徐々に取り込んできた。火は確かに分子反応だが、出発点にあった化学は生物化学である。火は光合成がひとつに統合したものをばらばらに分解する。火はこの仕事を生物という基盤の上で行う。火は生きている世界と親密な関係を保ちながら進化してきた。細胞内で起こる酸化は呼吸と呼ばれ、より広い世界で起こる酸化は火と呼ばれる。呼吸を止めると生物は死んでしまうが、地上から火災を取り除くと、太陽の光をさえぎり雨の降る季節を変えるように、生物相を崩壊させるかもしれない。

　原始の地球には火がなく、地球は気の遠くなるような長い年月をかけて火を獲得してきた。海洋生物は光合成の副産物として、大量の酸素を大気中に放出した。それから、地上の植物が繁茂しはじめ、遊離酸素に浸して可燃物の炭化水素を大気中に放り出す。こうして、燃焼の準備が整った。生物は火の基本的な三角形のふたつの辺を作り出したが、点火だけは容易でなかった。生物は自分で点火しないで、火山やとくに雷などに点火の熱源を頼ることにしたのだ。

　こうして、火は純粋に物理的な世界と純粋に生物的な世界との境界線を行き来する存在になった。火は地球の生物から生まれ育てられたが、火そのものに命はない。一瞬の火花や風、地形に応えるが、純粋に物理的な環境だけでは存在できない。洪水や台風、地震は、生物粒子がまったく存在しなくても起こり得るが、火はこれとは異なる。火は生物と物理のあいだを移動しているが、といって生物相の外側では存在できない。

　現代技術は火を有機物という背景から取り出した。だが、火は孤立した反応として生まれて、生物圏に吸収されたのではない。古代の生物に不可欠なものとして生まれた火は、細胞の力の源となり、多くの生物とともに進化してきた。人々が火を

語るときに、酸素を必要としながら酸素を養っていると言うのは、生物から産まれたがそれ自体に命はない反応である火に対して、矛盾した比喩(ひゆ)を使っているのである。

　こうして、2種類の燃焼が同時に出現した。「ゆっくりした」燃焼と「素早い」燃焼とでもいえよう。ゆっくりした燃焼つまり呼吸は、光合成された物質をミトコンドリア内で分解する。呼吸では酸素と炭化水素を取り込んで、水と二酸化炭素とエネルギーを放出する。これはクレブス回路と呼ばれる過程であり、分子レベルで緊密にプログラムされていて、細胞という燃焼室に封じ込められている。これはもちろん物理的な反応だが、生物的環境の中でだけ存在する。この反応によって酸素と燃料が結合し、結合した物が分割され融合される。この反応はそれ以上にはなり得ない。

　ところが、酸素が大気を満たし炭化水素の燃料が地表を覆(おお)うと、条件が整えば酸素と燃料は相互作用し得るし、実際に作用する。その結果、素早い燃焼が起こり、これは一般に火事として知られる。この反応は細胞内の反応のように、厳密にコントロールされてはいない。点火は細胞の外で起こるのだ。バイオマスの塊は燃えることも燃えないこともあって、さまざまな結果が生じる。塊が春の増水や直前の降雨で濡れているかどうかや、素早く反応する小さな粒子なのか、または体積に比べて表面積が小さい鈍く反応する木の幹なのか、さらにはバイオマスの塊が飛び火しやすい密接な間隔で存在しているかも影響する。

　火の広がりは、風や大気の気団が十分に発達できるかにも左右される。物理的な制限は地形によっても異なる。ステップのように草原が波うつように広がる所では阻(はば)むものはないに等しく、山あいの谷では動きがとれない。火は物理的に限定されないから、常に予測不能の前後の状況に反応して自由に燃えるといわれる。風の強弱、広葉樹や針葉樹の葉、草や雑木の密生の程度、峰の斜面や鞍部(あんぶ)、峡谷などの状況によって変化する。細胞内の燃焼とは異なり、燃焼領域は地表を動きまわるのだ。

　というわけで、ここでも燃焼挙動（火の燃え方）は物理と生物のぼんやりした境界線の影響を受ける。生物は生の酸素と有機物を提供し、生きている（そして枯れた）植物がこの反応を

統合する。しかし、風、大気の安定性、太陽熱、土地の傾斜、峡谷、段丘、大小に関わらずその地点での物理的な地質のちがいによって、燃焼範囲は決まってくる。燃焼領域は上方へ舞い上がり、丘陵を荒々しく越え、疾風に当たっては弱まり、泥炭地にくすぶるか焼けた草原地帯を勢いよく駆け抜ける。その上、ここでは生物は点火の源をコントロールしていない。火の三角形の3辺は個別に進化して、突発的な熱が発生して火が3辺を結合すると、そこで互いに結びつくのである。

　生命の本質は光合成に基づいているから、燃焼が起こるのに不思議はない。何かにさえぎられない限りは、火は発生する。このように、生物の進化と生態に影響を与えるものすべてが、火を形づくる。とはいえ燃える過程の中からは、深く潜む相互依存の関係が浮かび上がってくる。というのは、生物は火を発生させる条件を作る一方、火は命ある世界を作り直すからである。火は進化に適したものを選別する。火は生態系に力を与え、循環させる。火はより多くまたは少なく燃える条件を生み出すことができる。熱によって火が燃えはじめ、広がるのと同様に、火のたどった過去によって火が時とともに強くなれる条件が整えられる。ただひとつ、点火という要素だけが生物のコントロールをはずれていた。しかし、やがてはこれも生物の領域内にはいるだろう。そして、自由に燃える火がもつ、ふたつの性質は、少しずつ物理の世界から生物の世界へと進んでいくだろう。

火と生物——同時に存在するふたつの燃焼。ウイリアム・ジェイコブ・ヘイズ、『プレーリーの火災と逃げまどうバッファロー』、1869年、キャンヴァスに油彩。

16　　*Fire*

火と生物は互いに適応していたから、両者の相互作用には特定のパターンが想定できる。これは火災レジームと呼ばれるようになった。しかし、火は季節ごとにひとつの場所に戻るというような、移動する生物種ではなく、常にその場の影響を受けて、その場で再生している。火は生物種よりは嵐に近い。特定の場所は多種の嵐に見舞われながらも、他の場所とは異なっている。火もまったくこれと同じである。火とレジーム（特定のパターン）の関係は、嵐と気候の関係に似ている。というわけで、有用であり理解可能で不安定という点で、レジームと気候はどちらも統計的な要因に左右されている。

　レジームという概念を理解すると、火がもつ生物学的な役割をより正確に理解できる。特定の植物が火に適応している、という話をよく耳にするが、これは特定の植物が水に適応しているというのと同程度に、ほとんど意味がない。生物体は水に適応するのではなく、降雨や洪水のパターン、湿潤や乾燥のパターンに適応するのである。何か月も同分量の降雨の中で繁茂する樹木は、年間の降雨量と同分量の雨が3か月という短期間に降るのには適応できないだろう。火についても同じことがいえる。火があるかないかではなく、火が燃えるパターンが問題なのだ。生物体は火に適応するのではなく、火のレジームに適応するのである。レジームを変えると、火は益よりも害をもたらす。長年火に慣れてきた場所から火を取り除くのは、火と無縁の場所に火を持ち込むのと同じく、生態に損害をもたらすだろう。

　いくつかの生物種が火によって「破壊された」とか火を「必要とする」とかいうヒステリックな反応をすると、こうした分析を理解できないかもしれない。しかし、パラケルスス［ルネサンス期ドイツの医師、神秘思想家、錬金術師］がはるか昔に見抜いたように、毒かどうかは量によって決まる。太陽光線は過剰でも過少でも奇妙に注いでも、損害をもたらす。水はこれと同じであり、火もまた同じである。

　このようにして、地球上の火の長編物語は展開してきた。4億2000万年以上のあいだ、ゆっくりした燃焼と素早い燃焼が相互作用しながら、この惑星上に内蔵された可燃物を燃やしてきた。適当な時と場所を得て、ふたつの燃焼は肩を並べて存在

していた。生物体が分解したものは、自然な燃焼には使えなかった。たとえば雨林が燃えなかったのは、生物の作用によって地表が掃除されていて、地上に燃焼するものがまったく残っていなかったからである。草原は草食動物が食べて、炎がちらちら燃えるぐらいの毛羽立った刈り株程度のものしか残っていなかった。とはいえ、より乾燥した風土のように生物の作用が弱い所では、火の勢いが強いというのも事実である。定期的に燃えると、炎の元でも生きられる生物が選択あるいは拒絶される。湿潤と乾燥のリズムが生物という燃料を育て、それから燃えやすい状態にして置き去りにする。燃焼のリズムもこのリズムに従っていた。

　それから、地質学ではまばたきほどの時の経過にすぎないが、関連するふたつのできごとが、この物語の荘厳なリズムと展開をひっくり返した。ひとつは火を起こす能力をもった種が登場し、生物が三角形の残りの辺を扱えると主張したことである。火を扱う人類の祖先が登場し、生命ある世界は運まかせの稲妻に頼らないで、点火と格闘しはじめた。ヒトは火のサイクルを完成させ、生物のサイクルにつなぐことができた。火をもつ無類の惑星がようやく、火を扱う無類の生物を進化させたのだ。

　人間は火の進化を加速させ、ついにはクレブス回路に匹敵する仕組みを発明した。この仕組みを使うと火を閉じ込めるので、人間が作った大地に火が広がるおそれはない。それでも以前のやり方と同じく、火と燃料は陰と陽の関係にあった。火を閉じ込めようとすると、野辺から採ってきた燃料は使えない。その一方、古生代の石炭のような種類の燃料は豊富に手に入るものの、専用に作られた特製の室内でなければ燃えることができない。三角形の比喩をまたもや使うなら、3番目の火が生まれ、他の火と共存しはじめたのである。ただし、今度の火は人間から絶えず世話をされないと存在できない。

　名前とは何だろう。現象というものは、どうにでも定義できるように思えるかもしれない。人が火の物理的または生物的な特性を強調し、どれだけ口ごもり騒いでも、火の性質や作用にはほとんど影響しないだろう。ところが実は、影響するのである。これは単に知性ある火の世話役としての問題ではない。地

球の要である火を扱う生物種が火をどう思うかは、その種が火をどう扱うかに影響し、この惑星の燃焼回路を付け替える可能性も生まれる。そして実際に、そのとおりになった。

　ここで議論しているのは、何の規制も受けずに地上に燃えたりくすぶったりする、一般的な意味での火のことである。この場合も火は状況に応じて変化するので、その状況からみえる火の全体像も限定されない。像は三つあると考えるのがもっとも妥当だろう（またもや三角形に戻るが）。全体像のひとつは大きく、もうひとつは人々の関心を集めるべく浮上していて、さらなるひとつは、もっとも有力なのだが疑わしい部分を残し、目に見えない。優勢な１番目の像は火に関する物理学のパラダイムで、地位上昇中の２番目は生物学的モデルである。姿を現していない３番目は、文化という概念による像だ。

　物理学的パラダイムでは、火は炭化水素の酸化という化学的反応であり、物理的環境で整えられるとする。このパラダイムを使うと、屋外の燃焼をコントロールされた実験装置に適応させる方法や、火を閉じ込め応用する道具の作り方が確認できる。このため物理学的パラダイムが普遍的な概念になり、実験室から取り出されて平原に、さらに都市へと広まった。このパラダイムでは、燃焼という現象を（比較的）単純な酸化という化学の問題に煮詰める。火の燃え方を物理学という状況での三次元のチェス盤に乗せ、火と人間との関係を道具との関係に単純化する。込み入った環境を考慮に入れる必要はあるが、ろうそくや発火装置を理解すると火の性質や作用が分かり、コントロールの仕方も分かるという。

　物理学的モデルによると、我々が日々目にする命ある風景は、実は火の物置小屋であり、酸化的大気に浸った燃料の山である。その中を、火は斜面の傾きや吹き抜ける風の強さ、重なった燃料の厚みを探りながら動いていく。物理学モデルを使うと火の生態が正確に理解でき、生物相に飛び込み通り抜ける、機械的プロセスとしての火を思い描ける。火は嵐に適応するように、生物相にも適応しなければならない。分かりやすくいえば、コントロールされた火は工場でも森でも、装置や道具であるという。燃え盛る火の物理化学的性質をコントロールするには、物理的な対策をとるのが適切だそうだ。たとえば、放水するか化

学遅延剤を噴射し、燃焼性の塊を除去するなどの方法である。人間が取り上げ利用できない物からは、逃げ出さなければならない。大火災に直面したら、津波や洪水の場合と同じく避難すべきであるという。

けれども、この物理的対策に代わる、火のもつ生物としての特徴を重視する考え方も徐々に現れてきた。この考え方によると、火は根本的には生物の産物である。火の反応は有機物の化学に従うから、火は主に生物的な環境におかれているのだ。燃焼にはバイオマスを必要とする。つまり、火は主として生態学的な要因が統合した基盤で作用し、非常に長い期間もちつもたれつの進化を遂げながら、試されてきた。火の性質は燃焼が起こる生息地の状況によって決定されるが、その生息地は生物学的なプロセスによって統合される。

このような視点からは、火との新たな関係が生まれる。道具として使うなら、火はバイオテクノロジーまたは家畜化された動物、あるいはかまどよりは牧羊犬に似ている。問題として考えるなら、地震というより突発的な疫病に似ているとみるのが妥当だろう。こう考えると、損害を与える火は、生物相が破壊されて、突然の燃焼の感染を察知し、吸収できなくなった結果、生じるといえる。

火を効果的に封じ込める方法は生態の設計図に描かれている。理想をいえば、人間が生物をコントロールするか生態学的

白熱する燃焼、表面でくすぶる火。

フロリダの草、パルメットヤシ、松を炎に変える。

技術を使って、より直接的な対応策をとるとよいだろう。火事を回復させたり除去するのは、生物種を回復させたり絶滅させるのに似ている。これに代わる類似例を考えれば、単なる闘争回避の反応とは異なる方法がみつかるのではないか。たとえばメガファイアを突発的な疫病になぞらえるなら、社会は公衆衛生上の脅威のように対応し、拳銃や飛行機と同義の問題とは考えないだろう。

　ここで、もっとも重大でありながら、もっとも認識されていないパラダイムが出てくる。文化的な視点では、火を社会的な状況の中に入れる——これが本当の意味での「景観」で、人間の心と手で形作られた土地である。

　人はなぜ火を研究し、火の良い面を伸ばし悪い面を抑え込もうと望むのか。火の不在と爆発的な火災をどの程度問題視するのか。すべては人と火との関係から考えられる。つまり、火の基本的性質は人間の考えと社会制度に組み込まれ、社会の価値観や信条、火の性質を決定する社会構造を反映する。たとえば生物学的モデルより物理学的モデルの方を好むといった、火の論理的モデルをひとつ選ぶ必要性も、社会から生じるのである。

　この認識を大きく動かすのは、人間が周囲の世界を理解し、その理解に基づく行動を決定する力である。このように火の問

題は実際は文化的なものであり、人の地上での生活の構成物を表している。望ましくない大規模火災は──「望ましくない(unwanted)」という言葉自体が社会的な判断だが──、純粋な自然現象よりも、暴動や反乱のような社会的不安に似ている。こうした問題に対しては、たとえば政策の改善、優れた研究や教育、火を担当する部署の迅速な対応など、文化的な対応策をとるのが最良の答えになる。火が統合するのは社会的状況なのだ。

　地球の原初の火に対しては、自然界にある女神ウェスタの炎について、燃料、点火、非難、放水その他の騒ぎや論評などを目撃した人間がいなかったのだから、文化的モデルは適当ではなく、ここでは考えに入れなくてもよい。人間は火を発明したのではない。デボン紀［地質時代の区分。約4億1600万～3億6000万年前］初期から存在するプロセスをとらえ、飼いならし、人間の目的に合うように変化させる方法を見つけたのである。人間が火を利用した期間は、長く見積もっても（ホモ・エレクトゥスも含めて）、地球上に火が盛大に燃えていた時間の0.5パーセントにも満たない。しかしながら、その時以来火と人間は、互いの数を増しながら、共生そのもののような共進化を遂げて

火を取り巻く文化的環境。エーロ・ヤルネフェルト、『賃金奴隷』、1893年、キャンヴァスに油彩。特殊な衣服や道具のような細部は別にしても、この絵は社会経済学に訴えるものがある。ここに描かれた焼畑で働く人は、姿の見えない地主のための移民の労働者階級である。

きたのだ。
　ところが、両者の関係はついには根底では対等ではなくなった。火を奪われると、人間はすぐに衰えるだろう。しかし、人間がいなくても、火は安定したレジームを作り直して適応するだろう。人間が手にした火の力は、野生の火に基づいているのだから、飼いならされた火のもつ性質は、野生の種馬から受け継いだようなものである。人々は火の形を作り変え、その存在を地球上で活用してきたけれども、人間がいるかどうかに関わりなく、火は地球の本質的で比類のない特質として存在し続けるだろう。

第2章　大きく燃え、広く燃え、深く燃える

大きく燃える――燃焼

　もし酸素とバイオ燃料が接触すると自然に反応するのなら、地球はいたる所で当たり前に燃えているだろう。しかし、そうはならない。燃料になり得る物の大部分は、表面がたやすく素早く酸化される形になっていないのだから、バイオ燃料は固体で、酸素が充満した大気の中では安定している。自然燃焼がないわけではないが、多くはない（たとえば固く積まれた泥炭板や積み上げたばかりの木材チップが、酸素にさらされ分解された場合。しかし、どちらも人間の活動の結果である）。点火のプロセスは、火花や熱噴射など外部からの衝撃を受けて分厚いバイオマスが分解し、燃焼に適した形に変化すると始まる。ゆっくりした燃焼に先立って咀嚼し消化するプロセスがあるのと同程度に、素早い燃焼の前には化学的な調整が必要である。

　実際には、火を付けるのは火を消すのと同じくコツがいる。熱、燃料、酸素のどれにもそれぞれの力学があり、適切な時と場所に収束するには、他のふたつをチェックしバランスを取ろうとするだろう。このことは加熱という燃焼反応の始まりにさえ、当てはまる。木材は熱を伝導しにくい物質である（調理器具の取っ手が木製である理由のひとつ）。放熱は熱源と降下地とのあいだの距離の2乗に比例して弱まるから、大地のような規模での加熱は難しい。空気は対流する一方、ほとんどの燃料は地表に留まっているのだから。三つのプロセスはすべて外側で起こるから、燃料の量は空気にさらされる表面の大小ほどには問題にならない。酸素についてもこれと同じことはいえ、反応が起こるのは木材と空気が接する細い先端部分だけである。針葉樹の細い葉や草、細かい枝が重なる茂みのある場所は、巨

大な幹の木が生えている場所よりも燃えやすい（キャンプファイアの火に乾いた針葉樹の葉を放り込むと、青々とした木材よりもよく燃えるだろう）。

　熱を加えると化学的な「消化」のプロセスが始まり、燃えない固体が燃えるようになる。まずは熱が内部にある遊離水を追い出し、あるいは煮詰める必要がある。つまり、湿った燃料は燃料にならない。おもに燃料の厚さと内部の湿度から、燃えやすさは予測できる。乾燥した粒子でも湿度が25％あれば、燃えないだろう。生命ある粒子は、もし多量の油を含み、それが強烈に燃焼し内部の水を沸騰させて除去できる時に限って、燃えることができる。燃料の湿度はその物が燃えるかどうかが決まる際に、もっとも重要で変化しやすい変数である。このことは、粒子の湿度と乾燥度から地面の湿度と乾燥度にいたるまで、どの規模の燃焼にも当てはまる。大地ではこのプロセスが毎年起こる場所もあり、別の場所では何十年あるいは何百年に一度の頻度で起こる。水のリズムによって火が燃えるパターンが決まるのである。

　燃料に含まれる水を沸騰蒸発させると、熱は炭化水素の固体に作用する。まず化学的な結合を切断し、次に残ったものを気体に変える。物質を加熱したときに起こる分解反応は熱分解と呼ばれ、続く一連の燃焼をさまざまな回路を通って導いていく。

固体の燃料から流体の炎へ。チェサピーク湿地国立野生動物保護区、メリーランド州とヴァージニア州の東部沿岸。

第2章　大きく燃え、広く燃え、深く燃える　　25

ゆっくり熱すると揮発性の化学物質が染み出て焼け焦げが残るが、これは炭を作るプロセスに似ていなくもない。急激に強く熱すると、気体が吐き出される。固体の焦げ目は表面が直接酸化されるために燃え続け、一方で気体は炎を泡立つように上げて燃える。固体に見られる燃焼は白熱または赤熱（glowing）と呼ばれ、気体の燃焼は炎上（flaming）と呼ばれる。炎上の場合には泡立ち流れるかのような炎の波が見られ、火が流動的な動きをすることが分かる。

　自然環境下の大部分の火には、多種の燃焼が混在している。予熱、熱分解、白熱、炎上、さらにまだ燃えてない物またはまったく燃えない物が、火のあちらこちらに同時に存在する。有機質土壌はめったに炎上しない。乾燥した草などの燃料では、白熱はほとんどなく炎上して焼失してしまう。しかし大部分の場所では、大小の乾燥しきった粒子と湿った粒子が、散らばったり連続したりする状態で存在していて、状況は複合的であり一

逆行する火。風に向かって燃える。スティルウォーター国立野生動物保護区、ネヴァダ州。

定していない。多種の燃焼が同時に起こり、色々な燃焼が別々の時に見られる。

広く燃える——燃焼挙動

　火は成長する。火は成熟し広がる。火は生まれ、年をとり、死んでいく。成長した火は食料をもとめて大地を巡回する。野生の火は生まれた所に留まることはない。留まれば飢えてしまうので、そうはできない。

　どの火にもそれなりのライフサイクルがある。火を誕生させるには何かが火花を出す。次に、この反応は熱を吸い込むより多く放出しなければならない。それから燃え進む火の先端が燃料を使い果たすと、火は弱まっていく。自然状態ではこのプロセスが非常にひんぱんに起こるので、火が気まぐれで大胆になることを見落としがちである。あるいは、人は自分たちには部品を慎重に集めて火を起こす能力があると思い出しはするが、自然にはそれをする代理人や仲介者がいないのを忘れるのかもしれない。自然界での火の秩序には、新しい燃料をくべて炎を起こし、新鮮な酸素を吹き込んでくれる目に見える手伝いがないから、突発的にしか燃焼しない。爆発的な火が起こるのにも一定の条件を必要とするが、長続きしないだろう。火は突然この世に現われ、同じぐらい素早く立ち去ることもある。

　ところが、ここで火は動くのである。この事実も、人が飼いならされた炎の体験からは見えてこない。ろうそくの炎は獣脂を広がり落ち、キャンプファイアの炎は下にある大きな薪(たきぎ)に燃え落ち、炉床の炎は新たに積まれた薪(たきぎ)に広がる。我々はこうした事柄を見落としてしまうのだ。ブンゼンバーナーの炎はじっとしているように見える。これは新鮮なガスが常に炎を通じて上昇しているから、逆にいえば、常に供給されるガスが上に吹き上がるのと同じ速度で炎が下に向かって燃えるからである。地上で一般的に見られるのは、火が広がって新たな燃焼を起こす光景だろう。燃料が薄く点火しやすいと、もっとも速く広がる（古い格言にあるように、良質の燃料が火を操るのだ）。とはいえ、炎の方がじっとしていて、大地が炎を通り抜けると考えることも、いくらか困惑(こんわく)するにせよ可能である。

　このような見方をすると、炎に多様な形があることが説明で

地表火から針葉樹の林冠に火が移り、燃え上がる樹木。カナダ北方の森林。

きる。熱、燃料、酸素が燃焼領域を表すというなら、土壌、天気、燃料の要素がゆるやかにまとまった三角形を考えると、地面という火の小屋の上方を移動する燃焼領域の動きを説明できる（19ページ参照）。炎をあげる部分が斜面や峰に当たる場所。湿度に遭遇し順風や逆風に立ち向かう時。草地、やぶ、樹木、風倒木、泥炭のある区画。どのような瞬時の変化が起こっても炎は異なった形で燃え、その変化は燃え広がる前方の形に表れる。風が強く斜面がきついほど火の輪郭は細長い卵形になり、石炭の塊のような形が葉巻のほっそりした形に変化する。これとは逆に、磁気トーラスのような強い対流する柱は、ゆっくり渦巻く境界線の内側に炎を抑え込むことができる。土壌と風と植物相を混ぜ合わせて単一の状況ができれば、いくつかの炎がゆるやかにつながってひとつの火になるのも不思議ではない。

　このような火が自由に燃えているのは、おかれた環境からの刺激に「自由に」反応するからである。屋外の火は燃焼室にしっかり閉じ込められ、ノズルから精製した燃料を与えられて酸素を吹き込まれるのではない。ごつごつとした地形の中をゆるや

かに揺れる大気に包まれ、進化する生態が統合する自然のままのバイオマスを燃やすのである。そうはいっても、その反応は定まらなく抑制されないというわけではない。土壌は火が行ける所と行けない所を教える。気団は層になっていて（つまり安定して）天井の働きをしている。あいだにある境界は移動の障害物になり得る。生物相のいたるところに緩衝器や障害物があり、群生した植物は色々な形と化学的性質と湿度をもっている。こうした要因の影響は個別には予測できるが、複合的な作用は万華鏡のように複雑多彩になり得る。

消防士や点火係などの火を扱う人たちは、こうしたくじけそうになる複雑さから経験則を引き出し、仕事をするときに利用している。火はどちらに行き、いつごろ来るのか、どの程度荒々しく（またはやさしく）燃えるのかを予測する。火の動きについての数学的モデルでは、燃える状況を大体は表面的な広がりのパターンに単純化する。たとえば、炎の前方が風や斜面に影

チャパラル（低木の硬葉半灌木林）の火災、南カリフォルニア。揮発性燃料になるやぶ、地形、素早く発達した対流性のある煙の柱の好例。

第2章　大きく燃え、広く燃え、深く燃える

南カリフォルニアの険しい山脈では、塔のような対流性の煙の柱が火災積雲になっている、1924年頃。

響されて、放熱を受ける新たな燃料のある方に曲がるか遠ざかるか、などという。火が休む地面や上っていく空中に比例して、燃焼領域は細く小さくなり、やがて静まったと考える。

　しかし、実際はこうならない。実際には、熱によって気体が放出されると分厚い空気の流れるような渦巻きができて、気体は周囲の空気と混ざりその周りを旋回する。火は塵旋風やハリケーンのように大気中で起こる現象で、地表に放出された熱をうまく利用する。燃焼領域の上方にプルーム（羽毛のような煙）が現れるが、このプルームが強ければそこに留まり、疾風が吹

30　Fire

（上）アルニカ火災でできた拡散したプルーム。イエローストーン国立公園、2009年。
（下）野焼きを上昇気流でコントロールする。ロワークラマス国立野生動物保護区。強いプルームのために火は内側に向かう。

第 2 章　大きく燃え、広く燃え、深く燃える

いても、方向が変わるだけで消えることはない。なるほど、炎は自由に姿を変えられるのだ。炎は地面と空気のおおよその境界に沿って燃え、ねじれるかと思えば渦をまく。固い大地から立ち上がって、空に自由に流れる気流や火から生じた気体と勢いよくぶつかる。

北方での樹冠火事によるパッチ・バーン、ヤクーティア、ロシア、1991年。ストライプ状の燃え残った木は火の脈打つ「呼吸」の結果。

深く燃える——地質学的時間での火

　火の三角形の面にはそれぞれの由来があり、実は地球での生命の誕生にまでさかのぼる非常に古い年代記をもっている。どの面も個別に発展しながらも、互いに絡み混じりあっている。三つが一緒になってはじめて火を作ったのは、およそ4億2000万年前である。その痕跡は古生代初期の堆積岩の中に、石の落書きともいうべきフゼイン（木炭質）として残されている。

　フゼインは化石の炭であり、不完全な燃焼でできた黒い炭素の残留物である。自然の火は、とくに燃焼する粒子が大きければ、めったに燃え尽きることはない。揮発性物質だけがなくなる断片もあり、この場合はたやすく気体になった化学物質を外

32　　Fire

に押し出すものの、炎が燃え尽きると断片は断熱材になり、そこを通して燃え続けるのに必要な熱を作り続けられなくなる。塩分が多いか、炭化水素ではない部分の断片は、燃えずに無機質の灰になるだろう。自然の状況は大体が非常に複合的なので、激しい火でも散発的に燃えるだけで、燃えない部分や表面が焦げる部分ができる。こうしたものすべてが、地質の中に記録として残るのである。

　これらは火の進化の化石であり、地球の火が常に姿を変え大量にあったことの証である。大気に含まれる酸素が多い時期には激しく燃え、草のような細かい植物が登場すると素早く燃えた。沿岸部の泥炭の湿地帯ではくすぶり、乾燥した針葉樹のある所では燃え上がる。場所によってよく燃える所と燃えない所があるように、地質学の年代によっても、火で膨れ上がる時と事実上石炭を積み上げる時がある。火という反応の背後にある化学に変わりはないが、火の表情は前後の状況によって変化する。バクテリアとバクトリアのラクダはどちらもクレブス回路（15ページ参照）に依存しているが、両者はまったく似ていない。火もこれと同じで、おそらくペルム紀［約3億～2億5000万年前］の火にはペルミ地方の植物相と同じく、はっきりした特徴があったのだろう。ジュラ紀［約2億～1億4500万年前］に

はるか昔の火。ムーア（荒地）の砂岩に含まれる炭の断片、ジュラ紀中期、イングランドのヨークシャー。ほとんどのノゼインはもっと細かい粒状の沈泥になっている。

第2章　大きく燃え、広く燃え、深く燃える　　33

は燃える恐竜がいて、白亜紀［約1億4500万～6500万年前］には火になる哺乳類の巣穴があった。大変動と絶滅の時もあった。中生代［約2億5000万～6500万年前］の初期はほとんど火のない時代のようで、白亜紀／古第三紀［約6500万年～2500万年前］境界は炭のフレスコ画が描かれた時である。

　地球に残る火の総体的な年代記は、酸素と燃料の存在量の変化をたどる。陸生植物が最初に現われたのはシルル紀［約4億4600万～4億1600万年前］だが、植物が火を付けるまでに厚くたまったのはデボン紀になってからで、この頃に最初のフゼインが出てくる。現在の大気中には21％の酸素があるが、その頃の大気中には13％程度の酸素しかなかった。その後、最初の森林が現れて酸素が増加すると、フゼイン量が急上昇する。こうしたことすべては石炭紀［約3億6000万～3億年前］にクライマックスを迎える。この時には燃える物がはるかに多くなった。結局、この年代にはフゼインだけでなく石炭層も積み上がった。反応しやすい化学物質である酸素も豊富に存在し、燃える物と結合した。計算上では酸素レベルは35％に上昇し、ある種の巨大症のような事態が起こった。ビーグル犬の大きさのゴキブリ、ハゲワシぐらいのトンボ、そしてそれに見合った火が盛大に燃え上がったかもしれない。確かに、炭も積み上がった。石炭紀の石炭フゼインはシーム（地層間の薄い層）の10％から20％に達する。

　このような堆積物を残した原初の火の形は、はっきりとは分からない。バイオマスの量が多くても、それだけでは多く燃えるとはいえない。というのは、燃料になるのはその一部だけであり、もっとも重要なのは細かい粒子だからだ。酸素量が多いから地上で燃焼が自然に起こったともいえない。燃焼反応が起きることができるのは、燃料の表面においてのみであるので、少なくとも酸素量と同程度には、燃料の含有湿度も重要なのである。今に残る植物の黒く焦げた表面からは、火が燃えた地形と同じぐらい多様な火があったことが伺え、針葉樹の森林やシダの生えた地区、湿地の中で燃えた火を示す化石が残っている。火災が分厚い有機質の土壌で起こることはまれではない。現在でも、そうした場所は干ばつ時や意図的に地下水面を下げた時に燃える。たとえば東南アジアにある熱帯の泥炭は、温室

効果ガスの主要な発生源である。モスクワ近辺では泥炭火災が1972年と2010年に起こり、モスクワは息がつまるような煙に包まれた。2007年のアメリカ最大の火災が、ジョージア州とフロリダ州の境界にある乾燥したオーキフェノーキー湿地で起こった。100年に一度の火災でさえ、石炭紀の炭に残る厚いレンズ状層の説明になるのである。

　何が火を燃え上げ、それから静めるのだろう。ペンシルベニア紀［約3億4000万～2億9000万年前］になると酸素レベルは下がり、三畳紀［約2億5000万～2億年前］には以前のレベルにもどった。それから再び上がり、白亜紀／古第三紀境界頃に最大になって、大量絶滅と大量燃焼の時を迎える。その後は大気の酸素量はゆっくり減少し、現在のレベルに落ちついた。化石にも同様の上下する記録が残っているが、酸素の変化ときれいに連動はしていない。古生代と中生代の境界には炭はほとんどなく、中生代後期には豊富にあり、古第三紀全般には広範囲に薄い堆積が見られる。全体としては、化石の記録は下降線をたどり、最近の年代には古い時代よりもフゼインが少ないようである。炭のリズムは酸素のリズムを正確には示していない。

　なぜこのようなことになるのか。広かった湿地帯の方がフゼインをよく保存し、火の年代記はそうした時代の記録を反映するだけかもしれない。ゆっくり燃える土壌はそのままの状態を保ち、燃え終わるとふたたび水が溢れ出す。けれども、酸素は火の三角形の一部にすぎないのだから、さらにダイナミックな説明も可能だろう。モデルを作りたがる向きはほとんど漫画的といえるまでに単純化して、生物相を「燃料」の塊とする。しかし生物相とは、実はバイオマスの生産者と消費者が絶えず変化し複雑な進化を遂げた結果であり、この中を火が騒がしい清掃動物のように疾走しているのである。植物に含まれるリグニン量の増加、浅い海の天候や地理の変化、新たな草食動物の出現（あるいは彼らを食べる肉食動物の出現）などの変化が、燃えるのに適した燃料の性質と量に影響しているのだろう。実験室で酸素を操作し、同一の燃料サンプルを準備して燃焼させても、火を取り巻く本当の環境を再現することはない。屋外での燃焼は単一の化学物質を使うのではなく、回りにある物すべてをまとめあげる必要があるのだ。

石炭シームの火。東カリマンタン、ボルネオ。シームは1万1000年以上燃え続けている。

　見方によっては、この長い年代記の火は優勢で永続的になったが、爆発的でもなく保存されなくなったといえる。たとえば、中新世［約2300万〜530万年前］になって草が現れ（後期にはC_4植物［光合成の炭酸固定で最初の産物が炭素数4になる植物］が現れ）、火はよりひんぱんに発生したかもしれないが、貧弱な記録しか残っていない。フゼインがもっとも豊富にある年代は、当然ながら全体に膨大な化石バイオマスが堆積している年代で

ある。火の遠い過去に関していえば、地質の記録は燃えた量よりは古さと広さを語っている。火の探究の土台になる状況は、人間が登場し火おこし棒を手にして燃料と炎の仲介者として働くまでは、基本的に変わりがない。

　ここで強調しておいてもよいだろうが、この新しい要因は気候や酸素含有量などの物理的条件の変化を表すものではない。人間の仲介が始まったために、火の三角形の3番目の要素、つまり点火が生物の制御下にはいったのである。このことが全体の物語をどのように書き換えたかを表すものとして、2010年夏にヨーロッパロシア［ロシア連邦のウラル山脈から西にある地域］を襲った火災を考えるとよく理解できる。ソヴィエト時代に発電所用の燃料を採取するために泥炭層を排水していたが、その広大な有機質土壌で、もっとも頑固な（そして不健康な）火災が発生した。それまでは干ばつと稲妻という自然のリズムに従って燃えてきた湿地を、人間が経済と発電機という産業のリズムに変化させたのである。すると、強烈な干ばつと熱波のせいで人間が付けた何百という火から火災が起こり、燃え続ける泥炭は実質的に消火不可能になった。解決策としては、沼にふたたび水を満たすか季節が変わるのをじっと待つ以外なかった

2008年に燃えた大ディズマル湿地国立野生動物保護区は、2011年にもう1度燃えた。子グマを連れたアメリカクロクマは困ったようすもなく、新しく焼け落ち豊かになった土地で餌を探している。クマは原生林や沼地では餌を食べない。

第2章　大きく燃え、広く燃え、深く燃える　　37

のである。

　泥炭が燃えるのは初めてのことではない。寒くても暑くても、北方でも熱帯でも、沼地や湿地の泥炭地という有機質土壌は、石炭紀の昔から燃えてきた。人間が偶然または意識的に火を付けたここ千年にも燃えていた。ここ何十年かは、人が泥炭地を畑や牧草地やパーム油を生産するためのアブラヤシのプランテーションに変えようとして、さらに別のパターンで燃えていた。けれども、全面的に泥炭地の水を抜き発電所用の泥炭を採掘するという事態は、近年になって起こったことである。これは燃焼のもつ性質そのものを剝ぎ取り、配置しなおし、作り直そうという企みで、燃焼によって新しくソヴィエト人を作ろうとするのに等しい。しかし、過去は簡単に消し去ることができない。モスクワが煙り、シェレメーチェヴォ空港が閉鎖する原因になった燃える泥炭は、何億年も前からのプロセスにつながっている。バイオマスの層だけではなく、時間の層を通して深く燃えている。入れ子の人形のように、個々の事柄は別の事柄の中に入り込んでいて、そうした話を集めると、火の歴史の縮小版ができあがるのである。

第2部
飼いならされた火

私はどこから来たのか知っている。
飽くことを知らない火のように
……確かに火は私そのものだ。
フリードリッヒ・ニーチェ『この人を見よ』(1888年)

Fire

第3章　火の生き物

　火の壮大な物語は気候に従う潮に似て、進化という岸に打ち寄せて干満を繰り返した。多くの生物種が現れては消え、さまざまな火災レジーム（17ページ参照）が生まれては砕け散った。火がたびたび出現する場所もあれば、まったく登場しない所もある。けれども、こうした変化は表向きのちがいだけで、火という存在の根本が変わることはなかった。生物がもつトランプを切って新しい手札が配られるたびに、新しい組み合わせが登場し、古い組み合わせが再現した。
　ところが、ここで事態が急変した。ある生き物が直接火を操る能力を手に入れるという、デボン紀に炎が出現して以来もっとも革命的なできごとが起こったのである。それがどのようにして起こったのかは分からない。いつ起こったのかも正確には分からない。さらに、火を手に入れたために、松明やかまどの一時的な炎はいうに及ばず、地上にどういう影響を及ぼしたのかも分からない。しかし人間がいったん火を手に入れると、人間は火と同じく、あるいは火と一緒になって炎のように広がり、地球全体を改造してしまうだろう。これは4億年以上にわたる地球の火の歴史の中で、もっとも過激なできごとである。
　さて、地球には長いあいだ火が存在していたが、本当の意味で火を知っている生き物はなかった。多くの生物体は火に適応するのだが、火が分かる生き物はそうではなく、世界を自分達に適応させるために火を利用したのだ。そのうえ、火を自由に扱えるようになると、火からは思いがけない道具が作られた。なぜなら火は物体ではなく反応であり、それ自体が作動するのではなく深く相互作用するプロセスであり、全生物相を動かすことができる生態の支点として働くからだ。道具としての火は

稲妻がアボリジニの火おこし棒にとらえられるという伝承を視覚化してみると。

本質的に変化を表すが、火を扱う生物種も同じく変化を表す。火を保有した生き物は、それ以前のどの種とも異なる力をもった。

火の世話をする

　人類の祖先は道具を使うことを知っていた。初期の種であるホモ・ハビリス（「器用な人」の意味）は、化石が発掘された地層から出土した人骨が、原始的な石器を使用したとみられることから名付けられたという。道具という概念は新奇なものではなかったし、この種が繁栄した環境では火は珍しいものではなかった。アフリカ南部と東部では自然の炎がよく発生する。湿潤と乾燥の繰り返しで季節が決まり、乾季から雨季に変わる頃には、稲妻がとくに効果的に静電気で点火するマッチの働きをする。すべての植物相と動物相は、生き残るために実際こうした変化に適応する必要があった。

　ホモ・ハビリスに配られたトランプの札は、周囲にある火を自分達の支配下におく能力だった。とはいえ、加工した石や骨なら人間のか弱い爪や顎や手足を補強し、そうした器官のような働きをするが、火にはそのような働きはない。人類の祖先は火事で焼けた土地を歩き回り、時おり焼死した生き物を漁るようになったのにちがいない。人間は火を見つけたのではなく、火をとらえて自分達の都合に合わせる方法を身につけたのである。北部オーストラリアの鷲や鳶がころがった石をつまむように、ある時、人間は火をたぶん無意識に拾い上げたのだろう。どこかで火のついた木の燃えていない先端をつまみ、石ころをかき集めるように燃えさしをかき集めて、何かに使ったのだろう。こうして手に入れた火が道具になった。

　けれども、火のもつ特異性からは、まさに特異な技術が生まれた。石の斧や尖らせた骨なら、形を保てるが、火はそうはいかない。絶えず燃えているように世話をするか、点火しなおさなければならない。季節によっては雷などから火を手に入れられるにすぎないとなると、常に火を付けておくか灰の中に埋めなければならない。

　火を作りだす技術は、石に打ちつけたり穴をあけたりする技術ができてから得られたもので、石がぶつかると火花が散るの

パッチ・バーン：燃えたばかりの場所と草が萌えてきている場所が3段階ある状態。トールグラスプレーリー保護区、オクラホマ州、2009年。

や、木材がこすれると煙があがるのに気が付いた者がいたのだろう。火付けになる物が手元にあれば、道具を作るのと同じく火も作ることができる。

　ホモ・エレクトゥス（原人）は火を燃え続けさせることはできただろうが、おそらくホモ・サピエンスが現れてはじめて、人間は火を作ることができたのではないか。火を盗むか与えられたという神話はよく見られ、そこでは世界の森や石やススキノキなどに隠されていた火が、人間の知恵のおかげで表に出てきたことになっている。神話の世界でなくても、オーストラリアのアボリジニやアンダマン諸島の島民のような先住民は、現代でも何度も点火するよりは、火を携える方を好む。

　火は情け容赦なく燃料という食料を要求する。燃やしたくない物に火が移らないようにしたければ、いつも注意しなければならない。手をかけ周囲の状況も整えて、燃やしたい物だけを燃えるようにする必要がある。これはひとりの人間の手にあまる作業で、何人かの人間がいてはじめて、火の世話をしてなお他の活動もできるのだ。こうした活動はなるほど子育てのようで、この類似性を表す言葉は多くの言語にみられる（英語で親戚を表す kin と火を灯す意味の kindling は同じ語源）。火は地上の生態を変える以前に、社会的な人間関係に変化をもたらし

第　3　章　　火　の　生　き　物　　　　　43

たのだ。

　このような火の特異性は、さらに広い視野から考えることができる。たとえばゴムベラや斧を使うように、火を「使う」ことはない。そうではなくて、こちらの望むような反応が期待できる環境に火を据えるので、状況によって火が表す姿は決まる。

　火を利用するとは、火が生まれる状況を作り出すことである。つまり、火には命ある世界と同じ特質があるといえる。火そのものに命はないものの、火は呼吸し食事をする。熱くなり、動き、音をたてる。火は世話をやかれ、育てられ、訓練され、屋内で保護されなければならない（文字通り家畜のようになる）。この世を去ると埋められる。道具として考えるなら、火は機械よりはバイオテクノロジーに近く、斧よりは牧羊犬や乳牛に似ている。

　さらにいえば、機械的な道具は筋肉や爪の代用になるが、火にもっとも似ているのは、人間の肉体ではなく生理機能である。火を燃え上がらせる反応は、殴ったり削ったりする行為より消化作用に似ている。こう考えると、料理一般がパイロテクノロジーの原型でありパラダイムだということの説明がつく。

火を消費すること

　火がもたらした大きな変化は、まずは人間社会の内部で起こった。松明をかかげる生き物に変化が生じ、それから生き物は火の力を外に向けて使ったのだ。その変化の媒体とモデルになったのが、料理である。食品を蒸し焼きにし、グリルし、ソテーするという技術が、石や砂、金属、液体、木材などに熱を加える技術をもたらした。材料が何であれ、加熱作業をコントロールして、人間が利用できる形に変えたのである。

　料理のプロセスは単純だが、その結果は複合的である。熱を加えると食べやすく吸収しやすくなり、栄養価が高くなるので、素材としてのバイオマスに付加価値がついてくる。炭化水素の塊を生理的な燃料に変化させ、たんぱく質の性質を変え、でんぷんをゼラチン化するといった具合に、食べ物を消化しやすくする。また、ほとんど食用に適さないでんぷんでも、高カロリーの炭水化物に変化させる。あるいは食料に含まれる有害な化学物質の毒性をなくし、虫や細菌その他の病気の媒介物や寄生虫

（左）ダーウィン郊外の自然火災、ノーザンテリトリー、オーストラリア、1986年。炎にあおられて昆虫、哺乳類、トカゲが出てくる。これをねらって捕食動物が集まり、最後はトビとオオイヌワシに狙われる。
（右）フィリップ・キング作の水彩画。火おこし棒を持ったアボリジニの家族。ヨーロッパの画家がオーストラリアのアボリジニを描いた最初のもの。当然ながら子供でさえ火おこし棒を持っている。ウィリアム・ブレイクはこの後版画でこのイメージを表した。

を殺す。こうして、採取したバイオマスの質は高くなり、食べ物ともいえなかった物が、生物の命を支える糧になるのだ。熱を加えると食べられるようになり、栄養価が高くなる素材が増えるが、たとえば調理したじゃがいもなどの塊茎は、生肉よりもカロリーが高い[1]。

　こうして食事が急激に変わった結果、人間の生理も体の形も再構成された。そうすると、人類の歴史の中でもっとも劇的な変化が肉体に起こったのである。バイオマスを機械的、化学的に分解する必要性が減り、祖先が同じ類人猿と比べて人間の口と胃腸は小さくなった。火が生化学的に繊維質や肉を分解するうえ、咀嚼の機能を果たしてくれるから、歯も顎も胃腸も小さくてもかまわない。頭蓋骨に付いた多くの筋肉や長大な消化管は必要ないから、脳は大きく、胃腸は小さくなった。こうして、人間は草を消化するのでなく、考えを消化するようになる。肉体の変化は環境の変化に依るとは一概にはいえないが、変化は

第 3 章　火の生き物　　45

人間のゲノムに暗号として刻み込まれた。人間の生理は料理に依存するようになったのである。

　近年多くの食品研究家が、生の食物だけを摂取する実験的な食事療法を勧めている。文化人類学者クロード・レヴィ＝ストロースが『生のものと火を通したもの』（1964年）で書いているように、料理は文化とともにあり、文明の中にある不満とも結びついている。無理もないことだが、現代人は食料を過剰に加工する現代の食べ物が不健康ではないか、という不安をもっているのだ。しかし、レヴィ＝ストロースは正しい。一年を通して新鮮な食べ物とサプリメントが手に入るとしても、人間は生の食糧だけでは生きていけない。

　火を持たない人間は人間ではない。これは象徴的な意味だけでなく、生理的にも人間ではあり得ない。というのは、火を通した食べ物がなければ、生きていくのに十分なエネルギーが得られず、子供を生めないからだ。生の食べ物だけの食事療法という実験は、火の起源にまつわる神話の不気味な繰り返しのように思える。神話では常に、火を通していない食べ物は悲しくつらい思いと結びついているのである[2]。

火のパラダイム、炉から生息域へ

　このように、パイロテクノロジーは世界を作り変えたが、そのはじまりは人間が自分を作り変えたことにある。火をコントロールすることによって人間の体の作りが変わり、この変化は進化する人間のゲノムに暗号として書き込まれた。同時に火の燃え方も変わった。なぜなら、人はたえず火の見張りをしなければならず、火の回りには人が集まって食べ、集い、教え、物語を語ったからだ。とりわけ、火は人間の自意識を変えた。他の動物でも道具の原型のようなものを使うが、火は人間だけが使う。火を手に入れたことで、人間の自意識はファウストが魂を売ったのに等しいほど変化し、他の動物種とのちがいが生じた。

　料理に使われる火は、火の使用のパラダイムになった。これは炉がかまどに、さらに鍛冶炉やブンゼンバーナーにと変化していく中で、大部分の火の使用に利用できるパラダイムである。木材を熱して固くすると、槍（やり）の切っ先や炭酸カリウムを作るこ

とができる。石を焼くか蒸し焼きにして柔らかくすると、削りやすくなる。砂を熱して溶かし、ガラスにする。あるいは鉱石を溶解して金属にし、粘土を固めて陶磁器を作る。火を使えば、木を倒しくりぬくことも、岩を割って鉱脈へ向けてトンネルを掘ることもできる。

　火の作用によって、どんな作業でも基本的反応が速く強くなった。火は錬金術の方法として利用され、現代化学の手法を提供し、人の行為の実質上すべてで多目的の触媒になった。火を手に入れた人間は地球を住みやすくした。そして火を使って、人間はこの惑星から他の天体へと向かったのだ。

　火は技術の基礎にあり、そのため人間のもつ力の根源でもあるということは長年、あらゆる学問領域を語る際に言われてきたことだ。つまり、火は人間の特質と生態的な存在のあり方をも決めてしまうのである。『縛られたプロメテウス』(アイスキュロス作とされる、紀元前5世紀)の中で、ティタン(巨人族)のプロメテウスはゼウスを怒らせて罰を受け、大声をあげる。みじめな状態にあった人間に火をもたらした自分は、人間に「あらゆる技術を教えた」、そして火は実用的に使えるだけでなく希望とともに「限りある命しかない人間に、死ぬ運命を考えるのを止めさせた」のだと。

　大プリニウスは『博物誌』(紀元後1世紀)の中で「火は何をするのにも必要といってよい……火は測りがたく制御しにくい元素で、火に関してはより多く消費するのかより多く生産するのか言い難い」[3]と驚嘆の意を表している。ヴァンノッチョ・ビリングッチョは、ルネサンス期にあった民間の知識をまとめて『ピロテクニア』(1540年)を著し、大部分の技術はパイロテクノロジーだ、なぜなら技術は「火の作用と有用性に依存している」からだと述べている。科学上の大革命が起こっていた1720年には、物理学者のヘルマン・ブールハーフェがこう言っている。「もし火の性質をまちがって解釈すると、このまちがいは物理学のすべての分野に広がるだろう。なぜなら、自然の産物はどれも、主に火……が関与しているのだから」[4]。この頃からすると、燃焼のあり方は根底から変わり、人は地表にあるバイオマスを燃やしていたのが、化石燃料を燃やすようになった。そのため、アントロポセンという新しい歴史の年代が

第3章　火の生き物　　47

『マルクス・ウィトルウィウス・ポリオの建築』巻2の口絵。文明化の方法としての火のコントロール。

考え出された。宇宙の真ん中にあるとされる中心火は、エルサレムの神殿に灯る永遠の炎と同じく日常的に目にしなくても、燃え続けているようだ。

　人間が関わる火は、人間と同じく炉に留まっていなかった。火は獲物を探し、狩りをし、野原をさまよう。人は火のあるところに燃やす物を持って来るのではなく、火を広い世界に持ち出した。炎を生理的な存在としてではなく生物的な存在として考え、その化学反応を利用したのである。人は大地を燃やし、今度は地球そのものを料理しはじめた。
　現代科学と同様に、現代思想は還元主義的になりがちである。還元主義では物事を単純に考え、それから複雑な思考を構築していく。しかし、人間と火との関係はこの逆の例のように思える。はじめの頃、人間の回りの世界には火が複雑な状況で偏在

していた。原始の人間が暮らし、狩猟し、食料を探す大地には、燃える火があった。これが人が住む環境だった。彼らは燃える火が大地でどのような影響を及ぼすかを、見ていたにちがいない。今日アフリカのサヴァンナを何気なく訪れた人でも気がつくだろうが、草原が燃えた後にはみずみずしい、たんぱく質の豊富な草が生え、野生動物はそうした新芽が生える場所に引き寄せられる。肉やじゃがいもなどの塊茎に火を通すと味がよくなるように、原始の人間は大地が火のおかげで、草食動物に味のよい場所になると分かったのだ。燃えた野原は、狩猟動物と植物が詰まった特別の食糧貯蔵庫である。こういう場所に人は食料を探しに行った。原始の人間もまた、火に引き寄せられる生物種だったのだ。

　よくいわれることだが、すべての生物は自分に便利なように生息地を作る。けれども、ヒトが現れるまでは、景観全体を作り直す力をもつ生き物はいなかった。アフリカのレイヨウか北米のバイソンが、いつどこで自分達が草をはむ新芽が出るかを決めたりはしない。生態の技術者として有名なビーヴァーは森林の水流域を操るが、彼らですらヒトと比べれば稚拙(ちせつ)な技術しか持たないように思える。ビーヴァーが人間に匹敵(ひってき)する効果を得ようとするなら、穏やかにまたは激しく大地に溢れる洪水を常に作り出さなければならないだろう。

　ところが、燃焼は水流よりもはるかに多様なプロセスをもっている。火は広がり、相互作用を及ぼし、触媒として働く。いつどこで点火するのかだけを決め、あとは自然のなりゆきにまかせるとしても、火をコントロールするのはかなりの能力を必要とする。燃焼を経験するたびに、うまくコントロールするようにはなるだろう。これは人が経験から学ぶというだけではなく、大地自体が新たな火のパターンに順応するからである。

　それでも、うまくコントロールできないことは多い。飼いならされたようにみえても、火は野生に戻り得るから。火のコントロールをゆるめると、ハイイログマを調教してダンスを教える場合と似た結果になるだろう。しかし火を使う能力は、斧や投槍器よりはるかに強力な道具を生物としての人に与えた。人は全生態系を操作する力を手に入れたのだ。

　人は単に物理的に火を利用するだけでなく、色々な場面で生

第　3　章　　火　の　生　き　物　　　　49

物学的に火を利用するようになった。火の技術を応用して、狩猟と採集、農業と牧畜、さらに漁業にも火を利用した（火で魚を引きよせて銛で突くなど）。人間の食事は実質的に二度調理される。一度は野辺で、一度は炉で。人間の地上での活動に使用するすべての技術が、どこかで火を使用していたといっても過言ではない。人間の神殿に燃える永遠の火と同様の火が、消えることなく大地で燃えていた。この火は自分達が活動する大地のそこここに、人が放った火である。火をもつ惑星は、要になる生物種を見つけたのだ。

手に燃える火から心に燃える火へ

　人が火を手に入れると、その火は民話や神話、科学、哲学の世界にも入っていった。火は文明のシンボルになり、知性を永続的に表すものになった。何百年ものあいだ、火は世界の仕組みと人間の居場所を知る原則としても使われた。人間は食物連鎖の頂上にたどり着いた。火は深い意味のある比喩として使われるが、人間生活の根源の比喩であり目的にはならない。物事は火のように作用する。しかし、火は他の何物とも異なる作用の仕方をするのだ。

　こうしたことすべては、火が日常的に目に入る時代には道理にかなっていた。かつては明々と燃える火が家を暖めて照らし、食品を調理し、金属を鍛錬し、陶磁器を硬くする。放牧地の新芽を生えさせ、草原を耕作可能な土地に変える。朝日覚めるとまず火を起こし、寝る前には燃え残りに灰をかぶせる。火が身近にある生活を送っていれば、人が火から受けるような恩恵を、火は世界に対しても与えているという思いを抱くのは無理のないことだ。だから、ソクラテス以前の自然哲学者で神秘思想家のヘラクレイトスは、火は万物の根源であり自然の象徴だと言ったのだ。おどろくべきことに、炎は比喩として使われてシンボルになってからも、現代の生活と学問領域に入り込んでいる。最近の研究では、火についての批評をまとめて次のように要約している。

　　　　地理学者のカール・サウアーは、人間が環境に対する力をもち始めた頃に火を手に入れたとしている。原始の人間

現代スウェーデンの火災科学者が従来の方法を使って試験区画の点火をしている。使用しているのは、先端に樺の樹皮片をつけた棒。

は火によって「それ以前は自由にならなかった環境にある限界を」壊して、「新しい生き方を」始められた。ナチュラリスト（かつ神秘家）のローレン・アイズリーは火が「ホモ・サピエンスを最高位に至らせる道を開いた魔術だ」と結論を出し、人間そのものが「炎」だと考えている。古生物学者（かつ神秘家）のテイヤール・ド・シャルダンは思想の起源つまり自意識を、「一点を目指して燃え上がる」炎に喩えている。レイチェル・ランダウは炎を「並はずれた生き物がもつ教義の神聖な閃光」の反響と考える。クロード・レヴィ＝ストロースは、火を文化と生き物の狭間にあるものと考え、世界を生のものと火を通したものに分けて説明した（46ページ参照）。彼は「［火］を通して、そして火によって、人間の状態はすべての特性から定義できる」と断言した。英国の構造主義批評家エドマンド・リーチはそれを抽象化して、人は「料理をする必要はない。人が料理をするのは、自分が人間であり獣でないことを示すという象徴的な意味あいからである」と断言する。人間は根源的な原始の時代からはるかに産業の時代にまで来てしまった。火について形式的に議論するのは無意味になった[5]。

　火は人間の消化管に作用するが、これを同じように人間の心にも作用したのかもしれない。火は文化を規定する特質だと長らく考えられてきたのだから。火が現代を表す存在に生まれ変

第　3　章　　火　の　生　き　物　　　　51

わった今も、このことに変わりはない。

　プロメテウスは神話上のティタン族からゆっくりと変身して火の賢い発明者、あるいはふてぶてしい反逆児になった。火もまた創造物語の登場物から、ヴァーチャルな存在に変化したのだ。けれども、全面的に変わってはいない。火はなお地球の生態の中心にあって、過去1世紀には地球を変化させる推進力であった。比喩とインスピレーションの源として火がもつ力でさえ、尽きることがないように思える。プルタルコス［古代ローマの思想家、著述家。『倫理論集』やギリシャ史とローマ史の著名人の伝記『英雄伝』を著した］が言うように、心は満たされる容器ではない。点火される火なのだ。

第4章　火の働き——人が介在する火の扱い

　火の世話をすることは野生を人間の管理下に置いた一例であり、調理は一般的にパイロテクノロジーのパラダイムと考えられるようになった。だが、これは文化的な火の利用のほんの一部にすぎない。火はどこにでもある触媒であり、人間がすることと無縁の存在ではなかった。火のおかれた状況を変えると、今度は火を変えることになる。やがて野生の火は新しい性格をもつ。火は飼いならされ、狩猟採集に、漁業に、耕作に、都市化に使われ、機械にも利用された。人間はほとんど何をするにも火を使ったから、火は人とともにあった。

　それでも、人と場所が多様であるように、火のパターンも多様だった。おおざっぱに言うと、人が燃焼をコントロールする程度によって具体的なちがいが生じる。もっとも初期の段階では、火の操作は点火をコントロールすることだけだった。人は点火の時と場所、頻度と規模を決定できた。その後に、火に与える燃料を思うままにコントロールするようになる。大地に手を加え、極端な例では自然状態では火が起こらない場所を燃焼しやすいように変化させた。さらに、バイオマスの塊を切り刻み、割り、排水して乾燥させ、撒き散らし、まとめるなどして、燃料として利用できるようにして、点火に適した季節と空間の範囲を広げた。ということは、火災レジームを見直して、火と相互作用するすべての要因を形作ったのに等しい。

　火を起こし燃料を準備するのにも数多くのやり方があり、実用的かつ歴史的な論理がある。伐採（ばっさい）しなくても火を燃やすことはできるし、燃焼はそれ自体が燃料を整理しなおす手段にもなる。もっとも、伐採しておいて燃やさない人はいないだろうが。さらにいえば、人間の火を使う活動のほとんどは、自然界に類

ロバート・ハヴェル、『キング・ジョージ湾近辺のパノラマ』、パネル1、1834年。前景の炉、中景の木立の火災に注意。

似したものが見られる。たとえば稲妻は静電気を帯びた天然の火おこし棒である。自然界の火災レジームでは、稲妻によって火が起こるのを、人間は繰り返し目にしたのだろう（実際、近くで稲妻から出火すると、炉の火を消して稲妻の火を取ってくる習慣をもつ社会もある）。象や嵐が木をなぎ倒した後に火が付くと、その跡には一面に新芽がふいてくる。野火に追い立てられて動物の群れが一斉に走りだすが、逃げる昆虫からそれを狙う猛禽まで、火は食物連鎖を動かしている。人間はただ松明をつかんで、火のプロセスを利用しやすいように変えればよいのだ。

　火の起源を伝える神話では、火を盗むか捕らえて、地上に放っておくという話が少なくない。火は人間が呼び起こすまでは大地に留まっている。このように説明されると、先住民と火の関係がよく理解できる。火は自然から生まれ、自然に頼って広がっていく。だから、狩猟採集社会の多くは火事の起こりやすい場所にできるのだろう。時が過ぎ精巧な道具を使うようになると、人間はこうした状況に手を加えて、その土地がさらに燃えやすく、勢いよく燃え広がるように改造した。繰り返して使用する土地はより燃えやすくなる。火から火へ、というわけである。

アボリジニの火——点火をコントロールする

　火の利用には、点火だけをコントロールする場合もあった。自然に発火した場所は、自然が行った作業を引き継ぐ準備が

54　　Fire

整っている。たとえば人間は自然火災が起こる前に火を付けるか、そうでなければ野牛の代わりに乳牛を飼うように、野生の火と人為的な火を取り替えたのである。そうやって、人間の望み通りの火を燃やし続け、望まない火が起こらないように工夫した。一般的に先住民が取り扱う燃焼は——彼らのやり方にこういう言葉を使えるだろうが——乾季早くから始まり雨季が近づく頃にクライマックスを迎える。こうして人間が飼いならした火を自然の火に代用していると、毎年のできごとから、長い年月にわたって起こったことが類推できるのである（56ページ図参照）。

　人が火災レジームをどのように再編成するかを考えるには、レジームをまとめるふたつの原則に注目するのがもっとも分かりやすい。この原則は景観生態学で視野に入れる範囲をいうコリドー［線または帯状の範囲］やパッチ［点または斑状の範囲］を通って到達するマトリックス［パッチやコリドーを取り巻く空間］を表していて、火の線と火の野原とでも呼べるだろう。線は火が動くルートをたどり、野原は植物や動物を狩猟採集するのに適した場所を表している。

　火を燃やすと、果実の生えている土地や小枝を刈り込んだ灌木（かんぼく）が整理される。火のおかげでカマス（ヒナユリ）などの特定の塊茎（かいけい）植物や地面の栄養物質が残されて、松の実、栗、モウィアの花なども収穫しやすくなる。一時的にせよ、ダニやツツガムシなどの害虫も駆除される。開けた土地では旅人は周囲がよく見えるようになるし、樹木にからまる低木もなくなる。また、枝で編まれた小屋や茅葺（かやぶき）小屋など、火災を起こしやすい居住地の周囲に防火用のスペースができ、視野が開けるので、野獣、蛇、さらには敵の襲撃を見張ることもできるだろう。煙は通信手段にもなり、悪意のない部外者が通行していれば地域住民に注意を促す信号としてもうまく使える。攻撃的に利用するなら、火は戦時の武器にもなり得る。

　火を調節して燃やすと、人間の好む植物相に適した生息地を生み出せる。適切な火災はその場所が木の生い茂った閉鎖林になるのを防ぎ、太陽光線を好む新芽や草を生やして、狩猟動物がその草を食べるだろう。短期的には、火は大地をおいしい「餌」に変え、動物たちは灰の中から出てくる緑の若芽を思う存分食

10 × 10 kmあたりの
火災件数

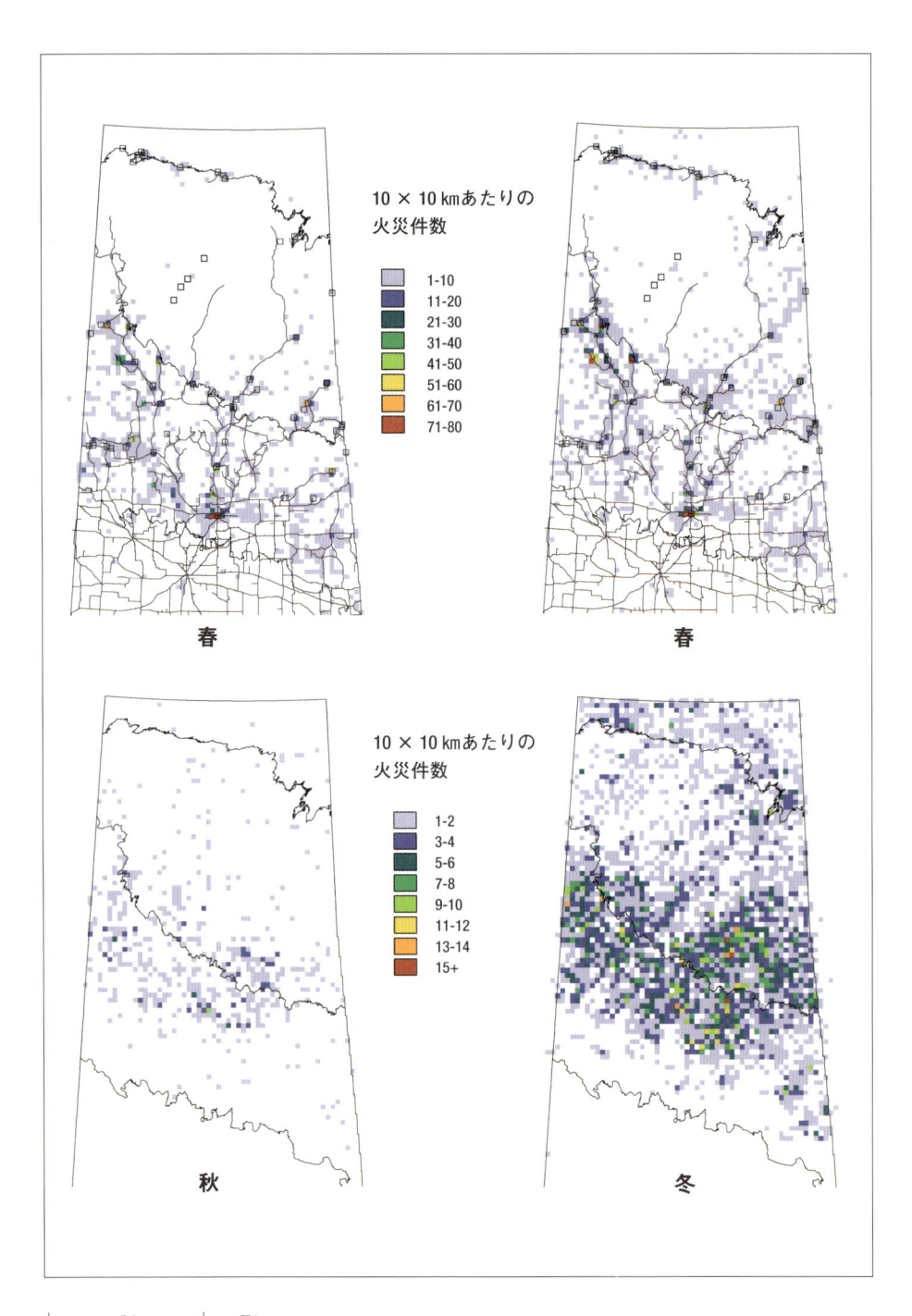

1-10
11-20
21-30
31-40
41-50
51-60
61-70
71-80

春

春

10 × 10 kmあたりの
火災件数

1-2
3-4
5-6
7-8
9-10
11-12
13-14
15+

秋

冬

（左）まったく異なる自然火災と人為火災のパイロジオグラフィー（燃焼地理）、1981年-2000年、サスカチュワン、カナダ。上の地図は春夏に発生した人為的原因による火災。道路や町と火災に密接な関連性がある。下の地図は稲妻による火災の分布。プレーリーの北から始まりいくらか集中地点はあるが、人為的火災とはまったく異なるパターンを示している。

（右）エスケープ・ファイア（逃げ道としての火）を起こす。A・F・テート、カーリア・アンド・アイヴズ印刷工房用。『草原の生活、罠猟師の自己防衛、火と闘う火』、1862年。

べに来る（ハエや蚊の多い場所ではいぶし壺がこの役目を果たしている）。長期的には、繰り返して燃える火のおかげで、植物の過剰な生育の結果、やぶや閉鎖林になるのを防ぎ、持続可能な生息地が作られる。こうして、自然にまかせるより多くの狩猟用の動物種が生息するようになる。ヘラジカ、スプリングボック、アクシスジカなどの動物は、原生林では生きていけない。土地が季節ごとに燃えて焦土と緑の野になることを繰り返せば、有蹄動物が季節移動する道筋を操ることもできる。タイガ［北半球の冷帯に発達する針葉樹林］で仕事をする猟師は草原を筋状に燃やして、狩猟する哺乳類が冬季に移動するルートを作る。ここは罠をしかけるには理想的な場所になるのだ。

　大変な見ものである火を使った狩猟では、炎が勢子の役割を果たし、動物は炎の列の間を走り抜け、あるいは簡単に殺せる地点に追い込まれる。こうした狩猟では炎だけでなく槍や矢も使われるが、地表が焼かれて草が生える場所に寄って来る主要な草食動物などを捕獲する。北米の鹿は火に追い立てられて群れを作り、潮の干満に左右される半島や湖に向かう。バイソンは崖を飛び越え、兎は包囲され、バッタまでもが炎と煙の輪の中に閉じ込められる。この狩猟のすばらしい点は、当然ながら、大事な狩猟動物の集まる生息地が、火によって回復し再生することである。火は破壊するのではない。それどころか、持続可

第4章　火の働き—人が介在する火の扱い　｜　57

能な環境をもたらすモデルを作るのである。

　世界各地で火による狩猟の記録が数多く残っているが、中でももっともよく記録されているのはオーストラリアである。オーストラリアはヨーロッパ人が最後に訪れた草地のある大陸で、そこには先住民であるアボリジニの人々が狩猟、漁獲、採集をして生活していた。時代を反映して、アボリジニと最初に遭遇した探検隊の中には博物学者もおり、彼らが残した記録は自然史といえるもので、宣教師や南米の征服者(コンキスタドール)の記録とは質の異なるものだった。さらに、オーストラリアに多くある辺境の地では、比較的最近までこうした狩猟の習慣がいくらかは残っていた。

　熱帯の北部に住む現地人の火を使う習慣について、人類学者のリース・ジョーンズは「火おこし棒を使う農業」のような特徴があるといっている。バリエーション豊富な方法で細かい注意を払いながら、絶え間なく火を利用する彼らのやり方は、ジョーンズには園芸作業のようなものに思えた。農民と同じくアボリジニも徹底的に土地を作り変えるが、ヨーロッパ人の

ジョゼフ・ライセット、『カンガルー猟に火を使うアボリジニ』、1820年頃。紙に水彩とグワッシュ。

58　　Fire

目にはこれが農業とは映らないという。というのは、アボリジニは斧と鋤の代わりに、火おこし棒と槍を使用するからである。ここでも火は道具ではなく、触媒として広く使われていた。探検隊にいた画家はアボリジニの火を使った狩猟の絵を後世に残し、これは世界でも類をみない視覚的な記録になっている。

記録の中では、主任監督者のトーマス・ミッチェルが、1847年にダイナミックな狩猟のようすを要約したものが、よく知られている。

　火、草、カンガルー、人間の居住者、オーストラリアではこれらが相互依存して生きているように思える。これらの何かが欠けても、他のものは生きていけないのだから。火は草を燃やすのに必要であり、木がまばらに生えた開放林を作る。そうした所に、大形の森林カンガルーが生息する。原住民は季節を決めて草を燃やし、緑の草が生えてカンガルーを引き寄せたところを網で捕えるか殺す。夏になると、おもに女や子供達が背の高い草を燃やして、出てきた害獣や鳥の巣などから食料を得ている。単純な作業だが、これがなければオーストラリアの森はニュージーランドやアメリカのように、深いジャングルになっていただろう。けれども、今ではオーストラリアには開放林が広がり、白人はカンガルーをのけ者にして家畜を飼っている。

アボリジニのマーラ猟、1930年代。H・H・フィンリソン、『ザ・レッド・センター』。

第4章　火の働き―人が介在する火の扱い

ミッチェルはこう述べた最後に、憂うつそうな1節を加えている。「そこ［シドニー］ではカンガルーを見かけることはなくなった。草地にはびっしり下草が生えている。草を燃やす原住民もそこにはいない」[1]

　辺境の地域ではアボリジニが住み続け、兎や羊などの外来動物や外来植物で環境が乱されることがなかったから、火を使う狩猟の習慣が長く残っていた。1930年代にも、H・H・フィンリソンがレッド・センターと呼ぶ場所で火による狩猟を目撃している（写真も撮った）。「黒人は土地を燃やしてその動物［マーラ（ウサギワラビー属の動物）］を捕るのが得意だ」

　　3日目は理想的な暑い日で、北西から熱風が吹いていた。目的地に向けて野営地を早朝出発する頃には、黒人達は元気いっぱいで、鼻歌を歌いながら火おこし棒を振り回し、時おりマーラ狩りをはじめて見る子供達に何かと教えている。狩りは長年繰り返した、お決まりのやり方に従うようだ。最初に数人が火おこし棒を持って風が吹く方へ走っていく。彼らは出発点から2列に分かれて走り、45 mほどの間隔をあけてスピニフィックス（トリオデア属のイネ科植物）の草むらに松明（たいまつ）を投げる。ほどなくして炎が馬蹄（ばてい）形に上がり、樹脂が多く燃えやすい草地に、爆発するように燃え広がる。火を放つ土地の面積はもちろん何人で作業をするのかによるが、この日は火を付けた男が呼び戻された時には馬蹄の1辺が3 km近く、風に向かう炎の先端は1.6 kmほどの間隔になっていた。馬蹄形の外側の土地は放っておかれたが、マーラの足跡が濃く残っている所は炎の内に入るように火がつけられていて、全員が火の内側を一心に見ている。
　この後の展開は明確に3段階に分かれていて、各段階で動物を殺す。火はもちろん向かい風に対してゆっくり進み、草の上を炎が這うように伸びていく。すると、火に襲われるより前に生き物はすべて草むらから出てきて、それまで一定の数の動物がいた場所に混乱が生じる。炎が風に

あおられると男達はゆっくり後ずさりをして、獲物のいそうな草むらから何か飛び出さないかと見張っている。手近でマーラが飛び出せば、まず男の投げる槍の餌食になるのはまちがいない。これが第1段階で、午前中の時間はほとんどこの作業に費やされる。だが、最終的に炎の先端が近づきつながると、男たちの動きが急に早くなり、第2段階にはいる。

　風は炎の後方で吹き、閉じた炎の輪は風下に向かい出発点にもどる。風に向かう炎の威嚇(いかく)するような音が突然聞こえ始め、風下に向かう炎の低い唸り声に加わる。時には炎がマルガやコルクウッドの生える燃え残りの場所を飲み込んで音をたて、一瞬にして木は燃え落ちる。こうなると、男達は捕まえた戦利品を集めて風下の火を走り抜け、前方の焼け落ちた地面に大急ぎで向かう。彼らはそこで列を作り、二重の火の壁がつながるのを待っている。すると、地表に出て生き残っていた動物が、槍の到達範囲に出てくる。

　この時がもっとも戦慄(せんりつ)を覚える瞬間だ。あたり一面が炎と煙に包まれ、大音響が響き渡る。大気は高熱になっているのだが、それに気づく者はほとんどいない。緊張した時間に私は黒人達の列を見ている。この瞬間が過ぎると、突然黒人達は狂乱状態になり、激しい音を立てる。少年達は興奮して冷静に動くことができない。グレイハウンドのような筋肉のついた男が3人、激しく息を切らして両足に交互に体重をかけて体を揺すり、手のひらで槍投げ器を回している。炎が前進するのを見つめるうちに、彼らの大きな目はぎらぎら光り始める。この日のクライマックスは近い。この狩猟は、彼らのスポーツと一大娯楽と食料獲得の機会がひとつになったものだ。この時彼らの味わう強烈な喜びは、我々の感覚の範囲には収まらない。

　やがてすべては終わり、午後半ばには硬質材の生えた野営地に戻って、地面が冷えるのを待つ。それから最後に第3段階が始まる。火のせいで生き物は残っていないように思えるが実際はそうではなく、このことは後で地面を探せばよく分かる。新しい哺乳動物の足跡が多数ついているのだ。この狩猟は何世代とも分からない長い間、広大な地域

ジョン・ホワイトの素描。トーマス・ハリオットの『新発見の地ヴァージニアの簡潔明瞭な報告』(1590年)の版画用。

で整然と行われてきた。この事実からもこれは当然の結果といえよう。こういう時には、巣穴を掘る習性は哺乳類や爬虫類（はちゅう）の動物の命を救うことになる。ここでは森林火災のように大量の燃えかすが残らないので、数時間もすれば生物達は新しい草地を求めて活動を再開する。けれども、棘（とげ）のある植物は燃えてしまって巣穴がよく見えるから、地面を掘るのははるかに楽な作業になる。浅い穴しか掘らないマーラはたやすく捕まえられる。
第3段階の続きは4日目にはいる……[2]

62　Fire

こうした作業が何世紀も繰り返されてきたのは、燃料と炎が結びついていたからである。棘のある束状に生える草スピニフィックスの例をあげよう。大きくなると燃焼材料を一面に覆うであろうスピニフィックスの茂った場所はマーラが好む生息地でもある。火が広がるのはそうした地域に限られるから、火災の範囲を制限することにもなる。このように、スピニフィックスのライフサイクルは現存の火災レジームと合致し、その後に起こる燃焼の規模を決める。燃えた後の土地は以前の土地と同じく、さまざまなレベルで燃える。フィンリソンがスピニフィックスの成長する習性と燃焼のリズムを関連づけていたら、ミッチェルがカンガルーについて書いたような文章をマーラについて付け加えただろうに。

　先住民の火の世界は、もちろんこれだけではない。火は技術としてはあまりに普遍的すぎて、とくに乏しく単純な技術しかもたない社会では、触媒としての火の存在がなければ何もできないに等しい。漁業でさえも火を使うことがある。漁民は船上で火を付けて水面を照らし、魚をおびき寄せる。捕まえた魚は調理するか燻して食べる。人が行くところには火もついて行く——そこが本来燃えにくい場所であっても。

耕作される火——燃焼するものをコントロールする

　さらに火を飼いならそうとすると、燃焼の結果できた燃料を間接的に扱うだけでは十分とはいえない。つまり、もっと意識的に火と関わる必要がある。人間はより明確に全面的に火を扱うようになった。これはとくに家畜や栽培植物など、望ましい動植物の生産量を増やすために、火を付ける目的で耕作するのに似ている。

　工業社会は同様の技術を野生動物の数を保持するのに使っている。アルド・レオポルドのいうところでは、「斧、鋤、枝の束、火、銃器など、これまでは動物を殺すのに使った道具を"創造的に使用"して、狩猟動物の数を回復することができる」。実のところ、火は他のすべての物の触媒になるのである[3]。

　どのような方法をとるかは、利用できる土地の風景ほどにも多様である。そのひとつは、火による狩猟から自然に進化した、火による放牧であり、もうひとつは、火による採集の延長とし

ての火による農業である。どちらの場合も、緊密に結びつけようとする。

　火を利用する放牧（つまり牧畜）は、野生動物が季節ごとに自然の草地のあいだを移動し、そうした場所が自然に発火するのを模倣している。自然火災が起こると、焦土と焦土でない所と草地の部分がモザイク状にできて、草食動物を誘い寄せたり遠ざけたりする。意図的に草地を燃やして羊を飼えば、このサイクルをもっとうまくコントロールできるだろう。鍵になる要因は、燃えたあとに出てくる新鮮な食料（「緑色のごちそう」）である。もっとも栄養価が高くうまいのは、灰から芽を出したばかりの芽だ。燃えてから1年もすると、草は枯れてほとんど栄養がなくなり、動物は見向きもしない。2年経つと、炎に包まれるばかりに成長することが多い。まったくの自然状態では、そうした地点の分布とそこを目指す動物の群れの移動は、雷の発生率によって決められるが、火を利用する牧畜では、意図的に草地を燃やして、草食動物が本能的に燃えた場所に行くように仕向ける。こうした燃焼は、鳥や動物の群れが移動する動きと連動している。

　当然ながら、火を利用する牧畜には多種の方法がある。北米のグレートプレーンズでは、大きな牛の群れを追う牛飼いがフリント・ヒルズの農民のために、春の決まった時期にプレーリーを燃やし、新しく生えた草が飢えた群れを待ち構えるように仕向けた（もちろん、乾いた古い茎の草地ではなくなるから、野

鉈と燃焼：『火によるレア（鳥）とグアナコ（野生のラマ）猟、リオ・チコ、アルゼンチン』、ジョージ・C・マスターズ、『パタゴニア人事情』（ロンドン、1871年）から。

64　　Fire

フレデリック・レミントン、『草原の火災』、1908年、キャンヴァスに油彩。

火が発生しにくくもなる)。だが、一番の見ものは(有名でもあり悪名高くもあるが)、地中海沿岸地域によくある季節移動する牧畜である。家畜の群れは夏になると山に登り、冬には谷に降りてくる。群れが通る細い道筋にはよく火災が発生するが、ふつうは意図的に火を放つ。羊飼いが上っていく群れに先立って土地に火を付け、春に芽吹くようにすることもあるが、群れが斜面をゆっくり降りる背後で火を付ける方が多い。冬には雨が多いから、秋に草地を燃やしておけば、春の飼料に困ることはない。

　これは古代からおこなわれていた農業管理の方法で、古代ローマのウェルギリウスとシリウス・イタリクスが羊飼いの火について記述した文章が残っている。ところが、群れが移動するサイクルは耕地の農業のリズムと同調していなかった。また、火が他に燃え移ったり悪意ある使われ方をすることもあり、羊飼いが定期的に土地に火を付けるのは、世間の決まりごとを疎んずる気風の表れと取られたりもした。ギリシャ神話のサテュロスのように羊飼いは社会の片隅で生きていて、安定した社会の習慣を軽蔑していると思われたのである。サタンは羊と同じ偶蹄類だが、地獄の火と関係があるのだ。その上、ヨーロッパの移民は新世界にこの牧畜形態を持ち込んだ。メキシコの高原をスペインの高原と見立てて、アメリカ西部のシエラネヴァダ

第4章　火の働き―人が介在する火の扱い　　　65

荒地を耕し燃やす。フリースランド（オランダ）。

山脈、カスケード山脈、ロッキー山脈でも季節移動の牧畜を行った。ここでも、人の住む盆地や谷に充満する息苦しい煙に加えて、彼の胡散臭い行動と挑発的とも思える炎のせいで、非難を呼ぶ事態を招いたのである。

　これと比べると、火を使った農業は計画的である。実際のところ、水をかぶる氾濫原の外側では火を使わずに耕作するのは不可能に近い（氾濫原の刈り株を燃やすことも多い）。火を利用する牧畜が火による狩猟の応用なら、火を利用する農業は火おこし棒の採集を拡充させたものである。そして、どちらも火の生態を活用している。火を利用する農業では燃焼後の土地の回復のサイクルを利用して、耕作のサイクルを作る。燃焼後の1年目は栽培に最適の時で、灰は豊富にあり競合する植物は生えていない。2年目は雑草と肥料減少との闘いの年で、3年目となると、必死に土を耕し積極的に肥料を入れなければ、自生の植物に負けてしまう。

　こう考えると、火を利用する耕作のリズムが大体3年というのは偶然ではない。耕作には一般に2種類ある。ひとつは固定した一区画を作り栽培作物の連作と輪作をするが、もうひとつでは畑自体を田園地帯で作り直す。すなわち、2番目では畑が地面を移動するが、1番目では地面が畑を移動する。こうしたちがいが生じるのは、土地の状況にもより、土地保有の政治経

草原を燃やす。ドイツの黒い森地方。

済的要因によるとも考えられる。どちらも炎と燃料が関連する点は同じで、農学者が「休閑」と呼ぶ手段を使う。ヨーロッパでは歴史的に、知識人や政府要人が休閑を無駄が多く迷信的で、火を使うから危険だと排斥してきた。だが、逆の方から考える方が合理的だろう。休閑地は厄介払いするために燃やされるのではなく、燃やすために手入れされるのだ。畑を焼くのは副次的な習慣ではなく、これが主要な問題である。土地の生態から考えると、外来植物を栽培するためには畑は炎に包まれる必要があるのだ。

　畑を焼くには適当な燃料を必要とする。さらに、地面が畑を移動するのか（輪作のように）あるいは畑が地面を移動するのか（焼畑のように）によって、燃料の入手方法に栽培か伐採かのちがいが生じる。こうして一定のサイクルをとると、土壌は

オーストリア・アルプスを燃やす。

燃料が積もって柔らかくなる。その土地はやがて見捨てられて、たぶん草食動物の餌場になるか、別の区画が伐採され植物の破片が畑を覆うことになる。その土地がよい休閑地にならなければ、さらにバイオ燃料を持ってくる。刈った枝、松の葉、乾燥した糞、干した海藻まで、燃えて火の勢いをつけるものなら何でも利用される。何十年かの時が過ぎると、半世紀後かもしれないが、森の中の見捨てた土地を再度利用し、木を伐採して燃やす。

つまり、これは休閑か火の一方だけでは不十分で、両者が結びつくとはじめて効果が出るという連鎖したシステムである。休閑地を燃やすのとは別に、収穫後の刈り株を燃やして土地を整理し、中程度に回復させることも多い。特定の場所での区画と燃焼のリズム、つまり火災レジームが農業形態を決めるといえよう。こうして火は羊の群れやじゃがいもや砂糖キビの畝と同じく、人間の生活に順応したのである。

作られた火——火に適した場所を築く

人間が住むのは屋外だけでなく、屋内と家屋の集まった町や都市である。こういう場所で人が介在する火は、本質的に矛盾する性質をもっている。なぜなら、古い時代の建造物は火を守

Fire

ろうとする一方で、人間を火から守ろうともしたからだ。炉の火は家庭的で望ましいが、野火は家庭的でもなく望ましくもなかった。

炉床は燃焼しない作りになっていたから、大規模火災が起こると炉床だけが焼け残ったことが多い。また、炉は人が住む場の中心にあり焦点になる場所だった（このことは言葉からも分かる。焦点の意味の focus はラテン語で炉を意味する）。といって、炉の回りの部分は燃やすためのものではない。そこが燃えるのは、家に隣接する大地と同じく木材で作られていて、干ばつや風、点火に対して大地と同じ反応をするからである。人の手がはいった大地は森林を改築したようなもので、当然ながら火が付きやすい。1666年には東風が吹いてヨークシャーに火災が発生し、ロンドンでも炎が上がった。1904年には寒冷前線がボルティモアを襲い、火の手は北向きに走った後に南東方向に向かった。これと同じことが1910年、北ロッキー山脈の大火災でも起こった。自然界の火災と同じく大火災では老若を

フィンランドの焼畑、森林を畑に変える（1877年）、G・W・エドルンド。

第4章　火の働き―人が介在する火の扱い　　69

フィンランドの野焼き、1883年の絵。

問わず犠牲になるし、おあつらえ向きの燃料が詰まった場所は燃えやすい。火災の後に再生するのも自然火災と同じである。焼け落ちた場所には新しい命が育ち、より快適な居住地と生息地になった。

　古い時代には、激しい火災から町を守る方策として、火花と燃料双方のコントロールに重点がおかれた。ろうそく、炉、作業場の鍛冶炉など、いたる所でおおっぴらに火が燃えていたから、火事の発生を防ぐのは困難だった。けれども、火が所定の場所から燃え広がらないように注意して管理し、燃えやすい

物を遠ざけ、夜間は巡回して不審火に目を光らせていた（これが夜間外出禁止令や晩鐘の意味の curfew の語源。この言葉は（古代フランス語を通して）中世英語の covrefeu から来ていて、fire を cover する指令の意味）。火事が発生すると、小規模なら積極的に消火し、大規模なら集団で（梯子に登って鉤を使って）建物や屋根を道路に倒そうとした。巨大規模なら、消防隊は立ちつくして風が止むか雨が降るのを待つしかない。木材や枝を編んだものが一般的な建築材料だったから、燃料となる物が着火しにくいともいえなかった。木造でなく石やレンガ造りの家屋になっても屋根には軽い材料が必要で、非常に燃えやすい木の板や藁が使われた。こうした材料には耐火性がほとんどなく、燃えさしや燃え木から火が移って、火事の原因になることが多かった。

　居住地の周辺の土地では自然発火の危険な火災が予想されたが、どこの社会も都会の火災の脅威もあるとして、注意を怠らなかった。けれども、結局は都会も周辺の土地も、ひんぱんに同時火災に見舞われた。たとえば東アジアなどでは、洪水や地震に加えて揺れが定期的にあり、火災は発生してしかるべきものと考える都市もあった。そういう町では弾力的な対処法をとり、損害を最小にして素早く再生することを目指した。一方で、中央ヨーロッパのような場所では、できるだけ火災を防ごうとして、炎に負けない町を建設することを目指した。こうした感覚からは、人間の周囲の自然のままの（あるいは人工的な）土地が本来的に火災と無縁なのが当然で、火災の原因になるのは人間以外にないとされた。町に対してもこの考えが当てはめられ、火災が起こるのは人間の不注意や不穏な社会情勢、または戦争によると思われた。火災は人間の落ち度の結果生じるから、理屈としては適切な行動をとれば防げるのである。

　時が過ぎて、現代の都市は火事が発生しにくくなった。この理由は社会の工業化と何らかの点で明白に結びつけられる。自由に燃える炎は少なくなり、これに加えて可燃物が少なく、多くがコンクリート、レンガ、鋼鉄、ガラスなどの材料で建てられた人工的な環境も整備された。建物の設計は各部屋から出口にいたるまで、防火を意識した規則に合致しなければならない。インテリア材料は火災の安全性をテストされ、自動煙探知器、

スプリンクラー、防火壁が標準的に装備されている。交通網が発達したため、人工的に作られた土地の間隔は広くなったから、火が隣の建物に延焼する可能性は少ないといえる。防火設備は都市の風景には飽和状態といえるほど存在する。警報、自動探知器と応答システム、重装備の消防車とそこに配備される消防隊員。火が発生するチャンスはほとんどなく、火が燃え広がり、鎮火作業に火が勝つチャンスはさらに少ない。大きな被害をもたらす大火災は燃焼範囲が広い火災ではなく、人が居住する建物密集地を襲う火災である。

　現代都市、つまり工業都市で火災が発生する原因は、まず戦争か地震である。どちらが原因でも火災が起こり、社会は対処能力を失ってしまうが、火災は都市部を越えて郊外のはずれで起こることもある。こうした地域は人工的な地形が、まだ野性味の残る地帯とぶつかる所である。火災は自然のままの場所から郊外のはずれに燃え移る。こういう場所の住民はそこが都会だという意識がなく、長年にわたって培ってきた防火の知恵に基づく諸設備を備えていない。野生でもなく人工でもない状況では、どうしてもただ燃えるにまかせるだけになる。

『ロンドン大火』、1666年、作者不明。

人間の活動する場所は人間の居住地とぴったり重なっている。火と人間は常に決して離れることはない。炉、休閑地、牧草地、森林、谷間、狩猟地と採集地、焼畑の区画、自然公園などの場所にはどこでも、人間の手と頭が招く火が存在する。そして、そうした場所が人間の居住地を形成し、そこに住む人間をも作る。作られ占領された住環境は、その場所ならではの多様な火災に見舞われるだろう。火災の種類が人間の居場所と人が住む地形の種類を決めるのである。このように、火の扱い方はその社会の建築、法律、文学に影響する。これと同じく、火は社会の価値観、考え方、性質にも影響を与える。火と人間はある意味で生き写しである。ひとつが分かればもう一方も十分に分かるのだ。

第5章　有名な火災——アンソロジー

　人間に有名人がいるように、有名火災もある。それらは大惨事で、伝説的、悪名高い、魅力的、英雄的、忌まわしいといったふうに、人間社会との関わり方によって色々な性質をもつようになる。大火災が社会の文化風土と結びつけば重要な火事になり、そうでなければ生態学分野で定番の有名火災になる。

　火事は人間の生活の中に深く浸透しているので、その社会の文化の各分野に、有名火災になる候補者が控えている。人間は農業地や都市や原野、あるいは自然保護区など、多種多様な土地に住んでいるが、そうした土地には神話、科学、技術、歴史などの分野で有名な火災が見出せるだろう。

　天地創造の物語では、人間が火を手に入れる由来がしばしば語られる（贈り物、企み、盗みの結果として）。火の獲得は人が食物連鎖の頂上に上り詰めた時に起こる。というのは、火の獲得は力の獲得をも意味するからだ。ストア派の哲学者は、歴史のサイクルを終わらせ、始動させる、循環の大火が再発生することを指摘していた。北欧神話で語られるラグナロク（神々の黄昏）では、アース神族が焼かれて滅び、灰の中から新しい生命と人間が飛び出す。ルクレティウスの叙事詩『事物の本性について』（紀元前1世紀）では、ピレネー山脈の大火がうたわれる。火は石を溶かし、ここから冶金学が生まれたという。ヨーロッパの海外植民地は、マデイラ島の歴史的な火事が原因で始まった。恐竜の絶滅について現代科学が語るところによると、K-T境界［白亜紀－古第三紀の境界］という地質学上の年代に大気圏外からの落下物が何度か衝突し、そのひとつがこの世の終わりになる火事を起こしたという。それで、小惑星のイリジウムの痕跡の上に化石の灰がかぶっているそうだ。何気なく

化石燃料を燃やすのは、現代人の目には地球自体にゆっくり火を通して地球の滅亡を招くようなものとも映る。古くからのイメージでの地球の滅亡とは異なり、地球を焦がすというほど激しくはないのだろうが、炭を作るように悪意に満ちている。

これらはすべて、神話、伝説、文学、あるいは「科学的空想物語」とも呼ぶべき分野での有名な火災である。歴史をひもとけば火災の記録は豊富にある。チャンピオンと挑戦者が並んでいるわけで、ひと握りの火災がその土地や民族の枠を超えて広く知られるようになる。ウォレス・ステグナーはかつてこう言った。「荒地を含むすべての場所は、人間が注意を向けるまでは場所とも呼べない。注意を最高レベルに極めたものを、我々は詩と呼んでいる」。これは火についても当てはまるのである[1]。

規模の大きさで有名な大火

何も規制がなければ、火災はどこまでの規模になるのだろう。その場の状況が許す限りは大きくなると考えられる。火は与えられた地理の範囲を最大限に利用して、成長していくだろう。北米で記録に残る最大の火災は、森林火災としては1950年に発生したチンチャガ火災が挙げられる。この時はカナダ北方の森林が120万ヘクタール燃えたと考えられている。草原火災では、1894年にアメリカのハイプレーンズで大火が発生した。この火災ではラノエスタカード高原の「200万ヘクタール程度」の土地が火になめつくされた。興味深いことにどちらの火災も原因は人為的なもので、これに地理的条件が加わった結果が、大火災になったのである。

チンチャガ火災は、最大規模の森林大火として知られる。カナダ国民は、とりわけ広大な国土と北方の奥地が、自国を特徴づける性質だと思っているが、この火災はそうしたカナダの国土を表す大規模火災として専門家のあいだでは有名である。火災が発生したのは6月1日、場所は伐採した木材搬出の湿地帯だった。ブリティッシュ・コロンビア州林野局では消火できず、火は気象状況のままに、荒れ狂うばかりだった。天候以外、火災を止めるものは何もなかった。10月1日に降雪があってようやく鎮火したが、火勢の強弱はあるもののピース川流域の北方地帯一面が楕円形に燃えた。燃えた面積は140万ヘクター

ルにのぼり、この火災を有名にしたい向きが言うように、単一の森林火災では可能とされる最大のものである[2]。

　1987年5月6日には、中国の興安嶺(シンアンリン)で火事が発生した。火はカナダの例と同規模の面積で暴れまわり、こちらは死者も多かった。火事が発生したのはやぶの伐採(ばっさい)作業地で、春には北京の空が塵で暗くなるburya（嵐）という季節風によってあおられた火は、たちまち手のつけられない勢いになった。火は25日間アムール川南部の丘や谷をなめ尽くし、さらに残念なことには、村落にも燃え移って西林吉(シリンジ)の町が灰になった。死者は約220人、火傷などの重傷者は250人、3万3000人以上が家を失った。この危機的な火災については、（中国人民解放軍の）八一映画製作所が克明な記録映画を製作して国中に知らせた。ところが、中国は当時解放経済政策を始めたところで、中国にいたカナダ人アドバイザーやジャーナリストがこの災害に興味を抱いた。彼らは衛星画像も使って、世界中にこの惨事を知らせた。ジャーナリストのハリソン・ソールズベリーは後に黒竜江(こくりゅうこう)火災として知られる現地を空から見て、圧倒される思いだったという。「不吉な予感がした。地球滅亡の審問に参加しているように感じた」。こういう解説がつくと、大火は有名火災になるのである[3]。

　けれども、火事が発生する地域は草原がもっとも多い。地理学者達は長年気づいているが、大草原は平坦な土地かなだらかな丘陵地帯でさえぎる物がなく、常に風が吹き抜ける所である。ということは、こうした地形は単に草原だから火がつきやすいのではなく、ひんぱんに火がつくから草原になっていると長年推測されてきた。草のように火がつきやすい燃料が燃えれば森よりも広がるのは速いし、乾燥した平野に燃え移ると、火勢を止めることは難しい。風に乗って火が移動すると、火事は驚くほどの規模になり得る。

　そうした例をいくつか挙(あ)げてみよう。オーストラリアのクィーンズランド州バークリー台地で1974年6月から7月にかけての1回の火災で、240万ヘクタールが焼失した。確かにここは台地で火災発生には例外的な地形だが、アメリカ合衆国のラノエスタカード高原での1894年11月の火災もこれぐらいの規模だったかもしれない。ラノエスタカードの場合は、炎

フランク・メチョー、『パンハンドル（テキサス州の細長く伸びた地域）の牧童、皮をはいだ子牛でプレーリーの火事と闘う』（部分）、1940年、壁画。「ビーフ・ドラッグ」つまり皮をはいだ子牛を炎の上でひき回し、子牛の水分で炎の勢いを鎮めようとしている。

が30 km前方のXIT牧場（テキサス州）にまで襲いかかり、4日間燃え続けたという報告もある。カウボーイ達は焼失面積が3000 km^2 だと言っている。しかし、これはかなりの面積が燃えた後の話なので、おそらく全体では「200万ヘクタール程度」と考えられている。これに似た火事が1895年秋に、近くのシマロン川流域で発生した。この時は牧場内で焼失した面積は少なかったが、牧場外の土地がひどく燃えた。チンチャガ火災と同程度の土地が燃えたのだろうが、火災の期間は数か月ではなく数日にすぎない。そうはいっても、こうした火事が歴史に残る火事に比べて例外的というわけではない。道路が建設され畑に耕されるまでは、野原はこれぐらいのスケールで燃えることがよくあったし、アフリカ各地では現在でも同様の火災が発生

2003年の森林火災がキャンベラに迫る。保護地から発生した火事は首都におよび、400戸以上の家屋が焼失し、ストロムロ山の国立天文台も炎上した。

している。ただ、馬を操る牧場労働者は今では探査衛星と交代しなければならない[4]。

　これまで挙げた数字は1回の火災についての話である。しかし、大火はふつう複合的に発生する。ひとつの火災に好都合な状況は、多数の火災にも好都合なのだ。歴史上は1回とされる火災が、実は同時発生した複数の火災が重なって記憶されて1回の火災のイメージになることは多い。多数の火事が地上でつながったかどうかは関係ない。草原の多くは、いずれにせよ大体季節ごとに燃えるもので、火元が単一か何百かの議論は現実的ではない。だが、森林の大火はより断続的に発生する。カナダで最大とされる森林火災は10年か20年周期ぐらいで地理的にまとまって発生している（1825年にニューブランズウィック州で起こったミラミチ火災群はチンチャガ火災と同規模だった）。無理もないことだが、世界的にみて最大規模の火災は地球で最大の針葉樹の森林地帯（つまり燃えやすい地帯）に集中している。すなわち、ユーラシア北部と北米の広漠としたタイガである。こういう場所では大火災が発生する機会はいくらでもある。黒竜江火災も大きいが、アムール川対岸で焼失した土地は、これの10倍から15倍の面積にもなるのだ。衛星画像か

78　　Fire

ら推測すると、一帯はバイカル湖からウスリー山脈まで広がり、1200万ヘクタールから1500万ヘクタールにわたっていると思える。松の生えたステップ［内陸地の半乾燥地帯にある平原］が燃えたこともあり、火は草にも燃え移ったが、大規模に燃えたのは主としてカラマツ、松、乾燥泥炭である。

　歴史的大火が記録に残ることはあまりない。古い時代の正確な記録は多くないからだ。近年のソヴィエト連邦にいたっては記録が改ざんされていたが、1915年の大火について、V・B・ショシュタコーヴィチは西シベリアで発生した火災の進展を概説している。有機質土壌とヨーロッパアカマツの寒冷な低地の湿地が50日間、1400万ヘクタール以上で燃え続け、およそ西ヨーロッパほどの面積で黒煙が発生したという。これは誇張だろうか。そうかもしれない。あるいは過少評価かもしれない。というのは、焼失面積を直接測ることは不可能で、不規則に吹く風が運ぶ煙から火事の程度を推測するしかないのだから。2010年には、モスクワが黒い煙に包まれるという不名誉な事態になった。煙の発生源になった火事は、常識的な基準では広い面積だったが（3000km^{2}から4000km^2）、一般に目の届かないはるか東方で猛威を振るっていた大火に比べると、小さいものである[5]。

　となると、オーストラリアを忘れるわけにはいかない。この地は火災発生には最適の大陸で、延々と続く火災の中に猛々しい火災がふつふつと沸き上がる所だ。「地球の裏側の国」では北半球とは逆のシナリオになる。降雨量の多い年には大火が起こりやすい。雨が降ると内陸部は燃えやすい草でおおわれ、その後に乾燥が続けば、火事にはおあつらえ向きの状態になる。記録に残る最初の大当たりの年は、1974年から1975年にかけてである。このことは国の林野機関の記録と旅行者の報告を、地球観測衛星ランドサットの画像が裏付けている。焼失した面積は1億1700万ヘクタール（全オーストラリア大陸の15.2%にあたる）と考えられる[6]。しかし黒焦げになった大地は、奥地以外では重要視されなかった。規模の大きさは重要度とは直接関係ないのだ。

　これと比較できるのは2002年から2003年にかけての火災である。この時焼失したのは約5400万ヘクタールで1974年から

1975年の焼失面積の半分だが、焦土となった地帯にはオーストラリア南東部の人口密集地帯があった。森林火災がコジオスコ国立公園の75％の面積を焼きつくし、ストロムロ山の国立天文台も灰になった。それから、火は首都のキャンベラにも燃え移る。犠牲者は10人、焼失した家屋は1200以上、死亡した家畜は2万1000頭。損害は4億オーストラリアドルにのぼるとみられる。炎は郊外の地域を襲い、国会議事堂の上空も煙で薄暗くなった。この火災には、州と国が調査委員会を設置した[7]。だが、一般には巨大と思えるこうした火災も、災害に見舞われた同じ年に人口まばらな入植地で発生した火事と比べれば、かわいいものだ。こちらは野犬のディンゴーの群れと同じく、手もつけられず人知れず猛威をふるっていたのである。

歴史物語にみる有名火災——入植地の火災

　大火が発生し甚大な損害をもたらすのは、土地に根付いた一般的な規制の及ばない所で社会的行動規範が希薄な時である。そうした土地はまだ安定していなくて、開拓地には伐採後の切りくずや燃えやすいやぶが残っていて、大惨事を引き起こしやすい。社会の規範内で行動する人から軍人、放火犯、あるいは早く原野を農地に変えたい新参者まで、だれもが火災の原因になった。火災が一定規模以上に大きくなると野火になり、常識を超えたというイメージがあれば、有名火災になり得る。

　植民地化の歴史は（それはある種の生物としての征服である）、火災勃発の歴史でもある。ヨーロッパの植民の歴史物語は、実は地理上の発見の時代［日本では「大航海時代」という用語で説明されることが多い］の初期に無人島を見つけたことに始まる。1419年にポルトガルの船乗りがマデイラ諸島に上陸し、火を付けたが、この火は世界の終わりを告げるかのように、7年間燃え続けた。これは単一の火災だろうか。おそらくそうではあるまい。しかし、初めて上陸した場所で燃焼が7年間続くのは、相当の規模といえるだろう。これと似た植民地建設での火災の話は、ニュージーランドやマダガスカルでもみられる。

　この他の大規模な入植地、とくにオーストラリア、カナダ、アメリカでもこうした火災の話はある。オーストラリアなどは、有名な大火の記録で週日のカレンダーが埋まるほどだ。暗黒の

日曜日（1926年）、暗黒の月曜日（1865年）、赤い火曜日（1898年）、灰の水曜日（1983年）、暗黒の木曜日（1851年）、暗黒の金曜日（1939年）、暗黒の土曜日（2009年）。長編物語を続けるためには、2002年の暗黒のクリスマスなど、これに似た名前も忘れてはならない。第一次の囚人移民船がシドニー近くのボタニー湾に到着するのは1788年1月だが、これ以前にも大火は発生していたにちがいない。けれども、この憂うつな名簿は、過去に起こった記録のない火災を記す書記の到着を反映しているだけではない——だれにも見られずに森の中で燃えた木もあった。入植地が発展していく際の環境の変化を証明しているのである。

　記録から読めるのはそれだけではない。あらゆるものがアデレードとシドニー間の自然の「火の渓谷」と呼ばれる一帯に、炎をまき散らした。おそらくヴィクトリア州の4分の1を焦がした暗黒の木曜日の火災は、ゴールドラッシュの時期と重なる。赤い火曜日の火災はヴィクトリア州の山あいの開拓地を燃料源にした。灰の水曜日の火は、松の植わった大農園と郊外のやぶをなめた。暗黒のクリスマスと暗黒の土曜日では、郊外の端にある入植地と国立公園が焼失した。オーストラリア南東部特有の火の渦巻き地帯内では、火が干ばつと風という気象のタービンにあおられて拡大し、この大陸を横切って燃え盛るのである。

レイク・ステイト鉄道はアメリカの北方森林の木材搬出と開拓に使用された。当時のトランスアマゾン・ハイウェイ、1881年頃。

第5章　有名な火災—アンソロジー　　81

北米に目を向けると、生態学的には非常に異なっているが、入植地と大火という点では同等な長編物語がある。こちらの火災の歴史は1825年10月、カナダのミラミチ火災に始まった。ミラミチはニューブランズウィック州の中心的な複合入植地で、この州はアメリカのメイン州のはずれとも接している。そのため、カナダとアメリカ両国の類似した歴史をつなげるのに好都合な位置ともいえる。カナダの物語では19世紀を通して開拓地と材木搬出地の火災の話が続くが、もっとも悪名高いのは20世紀初頭の10年間に発生した一連の火災である。

　1908年には火が鉄道網に沿って州境を移動し、ブリティッシュ・コロンビア州のファーニーからレイニーリバー地区、マニトバ州から先まで転がるように火の海がつながった。それから、1911年のポーキュパイン大火から1923年のケベック火災群まで、大火は遅れて入植された粘土質地帯のオンタリオ州を通って容赦なく続いた。最初に火がつくのは森林の開拓地で、木の残材が燃えて乾燥した泥炭地でくすぶり、晩秋の乾燥した天候で燃え上がる。大部分の農場や町は残材に釘を打った程度の作りで、火災に対処できない。鉱山が採掘し尽くされて町が消滅するまで、何度も火災にあう町もあった。もっとも、町が大きくなってレンガ造りの建物が並び、周囲の土地には丸太の破片が散乱しなくなれば話は別だ。こうした火災は写真に撮ら

1911年-1923年に五大湖地方一帯では一連の大火が発生し、オンタリオ州と同様の原因で同様の経過をたどった。ポーキュパインを焼き尽くした大火はその最初の例。しかし火事を詳細に映した写真はねつ造したもの。煙と炎はガラスのネガに描かれている。

82　　Fire

「西部の大火」、ハーパーズ・ウィークリー誌（1871年12月2日号）。

　れて記録に残され、政府の保護対策や一般的な防火運動に熱心な人たちに貴重な資料を提供した。
　アメリカでは、火災がさらに広範囲で猛威をふるっていた。もっともおぞましい例は五大湖周辺にかたまっている。このあたりでは1869年から1918年までの50年近く、魔女が呪文をかけたかと思うほどに、伐採材木搬出地や農場への変換地、鉄道沿いで火災が発生した。中でも最初に発生しもっとも永く記憶に残るのは、1871年10月の火災だろう。この時には、町と田舎が混在する約4000 km^{2}の地域が焼失した。ウィスコンシン州ではペシュティゴという小さな木材搬出町が火に飲み込まれ、シカゴも別の火災に荒らされた。シカゴはペシュティゴからたぶん荒く刻んだ木材燃料付きで、炎を引き継いだようだ。

第5章　有名な火災—アンソロジー

どちらの火災も、寒冷前線が次々と通過するというまったく同一の気象状況のもとで発生した。

　さらに火災の発生は続く。1881年の火災はミシガン州の森をかく乱して餌食にした。この時には、アメリカ赤十字社が民間人被災者の救援にはじめて乗り出す事態になる。1894年の火災はミネソタ州ヒンクリーを総なめにして、400人以上の死者が出た。1918年にはミネソタ州クローケーを火災が襲い、453人の命を奪う。こうした火災の事件簿はその後も続き、材木と石炭を燃やす機関車が燃え木を吐き出さなくなり、入植者が森林を切り倒して農場に火を付けなくなるまで、あるいは、州当局が厳しい規則を作って、消防隊を召集する力をもつまで、鎮静しなかった。そして、ここでも社会の文化的背景が影響する。火災は印刷物のジャーナリズムの力が及ぶ範囲内にあった。一連の火災の報道は人々に劇的な背景を知らせ、破壊的な火災を防ぐために、森林保護事業と公有地の創出が必要だという議論を呼んだのである。

　植民地化の際の火災が収まるかどうかという時に、近年さらに極端な事例が発展途上国で起こっている。脱植民地化の際に先進国のあいだで発生した火災は、発展途上国の火災の不気味な分身である。

　入植地の火災でとくに悪名高くなったのは、ブラジルとボルネオである。ここでの火災は多様な生物相を焼失させ、莫大な量の有機質土壌を消耗させ、さらに、健康に害をもたらす恐ろしい煙も吐き出している。煙の幕は婉曲的に（あるいは皮肉をこめて）「煙霧」と呼ばれる。アマゾン川流域の火災は、1988年には世界的な問題になった。世界中のメディアがここの火災とアメリカのイエローストーン国立公園の大火を結びつけて報道したのである。

　東カリマンタンをはじめとするボルネオの火災が知られるようになったのは、オーストラリアとアメリカに重要な影響を及ぼすエルニーニョ南方振動（ENSO）の発見とこの現象との関連からである。1982年から1983年にかけての火災では、350万ヘクタールの森林開拓地と排水した泥炭地が焼失したと考えられている——これは焼失しなければ雨林であった場所に煙が作った巨大な空洞である。ボルネオでは1997年から1998年

にかけて、520万ヘクタールが焼失した。ボルネオとアマゾンのどちらでも入植の動きは続いており、干ばつ、グローバル市場、人口の移動に関係する政治的利益などの要素が、変動はあるものの何らかの影響を与えている。21世紀はじめにボルネオが大気に放出した炭素量は、全世界の4分の1の量に達する。2010年にはブラジルの息苦しい煙が、アマゾン川流域に押し寄せた。もっとも合理的な予想をたてるなら、どちらの火災もフロンティアが自然の経過をたどるまで続くだろう。つまり、すべてを燃え尽くすまでである。

その一方で、長年耕作されてきた地帯の多くで、逆向きのフロンティアも進行している。それまで辺境に根をおろして暮らしていた人達が、都会に移住しているのだ。そうした田舎では、かつては庭仕事や放牧、薪の採集、定期的な小規模火災などの細々したことが大火の歯止めになっていたのが、こうした抑制的要素がなくなったのである。とりわけ心配なのは地中海沿岸地方の北部で、この一帯では野火がひんぱんに起こっている。これは熱帯地方の様相を鏡に映したような逆転した姿で、単一の事柄というよりは何年にもわたる慢性的な消耗現象である。専制政治から急激に脱して現代の市場に参入した国では、社会が急変した衝撃は非常に強い。ポルトガルが典型だろうが、北西スペインのガリシア、南仏のプロヴァンス、ギリシャといった多数の地方は火災の波に次々と襲われている。ここ千年間は小さな火がくすぶっていたのが、今では熱い炎が燃えている。疫病でなく、動脈硬化のような変成疾患にかかっているようなもので、英雄的でもなく、国家的叙事詩に加わるわけでもない。

こうした新たなフロンティアと退行現象、つまり新天地への強制移住または疲弊した土地を放棄する絶望的な過疎化は、土地を雑草の生えたやぶという粗雑な商品に転換している。これは国家の進歩のシンボルというより、困惑のシンボルだろう。その国のメディアだけでなく世界中のメディアが、この現象を不名誉なものとして報道する。これでは文化の創造神話にはつながらず、むしろ世界規模で進む環境破壊につながるだろう。本当に興味をもたれるのは火災自体の状況ではなく、火災の物語が生まれた前後事情なのである。

先進国世界では、一般に有名火災の年代記は別の方面に進展

しており、とりわけ、もっとも貴重とされるふたつの地形が目を引く存在になっている。ひとつの方面を進むと自然保護区に至る。ここは入植地などを意図的に保護している田舎で、以前は歴史的大惨事になる火災を生んでいたのが、現在は逆に代用品の火災を多く発生させている所である。今ひとつの方面を進むと、都市と都市周辺の扱いに苦慮する地区に至る。

原野の火災

　原野という新しい（あるいは古くて新しい）土地が、先進国ではもっとも有名な火災の舞台になった。公園や保護区は自然のままとされる場所で、火の付きやすい状況にある。こういう所はしばしば火災を起こし、メディアからの注目を集める。けれども、ほんのひと握りの火災だけが、神々の神殿である名高いパンテオンに祭られるのに値するようだ。火災が有名火災になるのは、有名な場所で発生したか、または火が国有地で取り仕切ったリフォームの触媒として働いたからである。言い換えれば、高価な土地での重要な物語に火を付けたからだ。

　ここで、原野火災の四大国ともいうべき、世界でもっとも広大な手つかずの土地が残っているロシア、カナダ、オーストラリア、アメリカに話を戻そう。どの国も自然のままの領土が広がり、よく似た植民地化の歴史を持っている。先住民は何らかの形で移住させられ、広大な無人の土地が国の監督下に置かれた。公園になった所もあるが、大部分は国が管理する森林になった。いずれにせよ火災に対処しなければならず、コントロールできないほどの火災が発生すれば、政策や政策実行に影響を与えかねない。こうして、四大国は悪名高い火災を起こすことになる。つまり、そうした火災は、一定の地域を焼失したとか、亜大陸レベルの地帯を煙の幕で覆（おお）ったという以上の意味合いをもったのだ。

　四大国の中では、ロシアにはもっとも杜撰（ずさん）な記録しか残っていない。1921年に発生したヴォルガ川流域の火災は、干ばつ、飢饉（ききん）、内戦の影響もあり、社会の変化を促した。しかし、もっとも深刻だったのは1972年にモスクワ近辺で起こり、首都が煙につつまれた火災だろう。ブレジネフ政府はこの火災を受けて国家の防火体制を整備しなおした。防火のロゴ（キャラクター

はヘラジカ）を作り、科学的研究に大金の予算を投入し、屋外で火を燃やすのを形式的に（どうしようもなく強制力がないが）禁止した。（火災が起こった頃、ソヴィエト連邦はアメリカ合衆国と弾道弾迎撃ミサイル制限条約の交渉をしていた。その条約でモスクワは核融合反応の火は免除されていたはずだが。何か関係があるのだろうか？）興味深いことには、1987年以降はこの規模の火災が発生していない。ソヴィエト連邦が崩壊し、空からの消火能力が確実に衰退していった時期にも、何も起こっていない。この国にはもっと差し迫った心配事があり、炎を意味あるものに変える錬金術が存在する余地はなかった。

　これとは対照的に、オーストラリアは忌まわしい火災と政治改革とを調和させた。1939年に発生した暗黒の金曜日の火災を契機として、レナード・ストレットンを委員長とする王立委員会が設置されたのである。委員会は第二次世界大戦のために結論を出すのが遅れたが、森林火災を防ぐために国がとる積極的な対策として、環境保全のための野焼きを奨励した。1961年には西オーストラリアのドゥエリングアップで火災が発生し、第二次の王立委員会が開かれて先の計画が了承された。けれどもその後も大火は発生し、だからといって防火計画に決定

暗黒の金曜日、1939年。

的な影響を与えることもなかった。そうした火災は（時には死者も出たが）、オーストラリア人が灌木の生えた未開地とどう向き合って暮らすか、という議論の背景として機能したのにすぎない。森林火災があろうがなかろうが、激しい議論が続いた。

　オーストラリア国民は対森林火災の政策を議論する際に、火災への対処法そのものではなく、包括的な価値観と文化的要求に基づいて考えた。それでも、森林火災が発生すれば現実的な対応策をとらなければならず、批評家たちはこの点を大いに議論した。2003年の大火ではキャンベラにも延焼して政治問題になり、王立委員会の規模とも思える検視審問が開かれた。2009年2月の暗黒の土曜日火災が発生するに及んで、正式に王立委員が任命された。こうした火災から文化的意識が高まったが、周囲の事情とは関係なくこれらは有名な火災だったといえる。

　カナダにはまた特有の事情があった。この国は政治的には、統合した民族国家ではなく連邦制の国である。そのため、火災が発生しても州を越えてインパクトが伝わりにくく、1930年に自治領カナダが英連邦の官有地を州政府に割譲すると、この傾向はさらに悪化した。火災対策が改革されたのは個別の火災後ではなく、何年ものあいだ一連の大火災が複数の州にまたがって被害を与えた後になってからである。1908年から1923年にかけての連続火災は、人々の意識を啓発するのに大いに役立ったが、1979年から1981年にかけて消火不能の原野火災が東部の広大なカナダ楯状地で荒れ狂うに及んで、ようやく国全体の指針が固まった。

　長々と交渉した末に、カナダ省庁合同森林火災センターが設立された。このセンターは大火災の発生時に、多種の組織が共同で対策をとるのを支援するもので、合衆国とも国境を越えて同様の相互援助を約束する条約が結ばれた。それ以外は、たとえば2003年にブリティッシュ・コロンビア州で起こった「火災の嵐」のように死者と避難者が出ても、州内での防火対策にまかされていた。

　アメリカでは1910年に大火が集中的に発生した。中でも伝説的な8月20日から21日にかけて発生した大火災のために、原野火災対策を考える機運が盛り上がった。この時の火災では

ニコルソン横道。1910年8月20日から21日にかけての大火災で話題になった所。森林警備員のエド・プラスキは火事場嵐が吹き荒れる外に出ないように、仲間を坑道の中に押しとどめて命を救った。

北ロッキー山脈だけで130万ヘクタールが焼失し78人の消防隊員が死亡したのである。設立まもない合衆国林野部は危機的な負債を抱え、主任森林警備員達は4世代のあいだ精神的に立ち直れなかった。ここで、林野部は火災に向けて断固反撃を開始する。火災の制御がガイドラインというだけはなく火災への唯一の対応策になり、こうした姿勢は1968年から1978年にかけての改革が実施されるまで続いた。1988年と1994年には大火災が発生したが、以前と同規模の被害を出した火災はこの時まで発生していない。1988年の火災はイエローストーン国立公園の大規模火災として有名であり、1994年に発生したサウスキャニオン火災では15人の消防士が死亡した。この時には、はじめて消火活動費用が10億ドルを突破したのに原野火災が重なり、林野部は正直なところ自分達の手にあまると公に認めるほどだった。

けれども、問題なのは火災の規模ではなく文化的な影響であり、そのために、こうした火災は広く世間的な意味をもつのである。イエローストーン火災が衝撃的だったのは、この公園が知名度の高い公園だからだ。この時の火災のために火災対策が変更されることはなかったが、一般の人々の見方に革命をもた

イエローストーン国立公園の火災、1988年。

らした。つまり、自然公園の中で火災が起こるのは当然のことと人々は認識したのだ。1994年の火災を想起させる前例がある。火災の3年前にノーマン・マクリーンはベストセラーになった『マクリーンの渓谷』を出版していた。この作品は1949年のマン渓谷火災を描いたものだが、サウスキャニオン火災を思わせる不吉な前例のように受け取られた。遠隔地の峡谷で起こった詳細のはっきりしない物語が、アメリカ中の人々に強く意識されるようになった。火災そのものではなく火災に耐える社会との絡みがあると、重要度が増すのである。

　イエローストーン公園火災の対策は他の場所でも応用され、国を代表する複数の国立公園は同様の考え方に基づいた対策をとった。「自然の規制」を採用し、火災にも存在場所を与えたのだ。その代わり、他の公園でもイエローストーン公園火災のような火災の当たり年が生まれることになる。1996年には、南アフリカのクリューガー国立公園の4分の1の面積が焼失し、オーストラリアのコジアスコ山は、2003年に4分の3の面積が焼失した。イエローストーンとしては、火災対策を追随されるのはもっとも誠実な形のお世辞と受け取るかもしれない。し

かし、火で火を防衛するのは一般にそれほど魅力的な対策とはされず、アメリカ以外ではこの方式は浸透しなかった。

都会の火災

都市の火災が社会と関係があるのは、既定の事実である。都市は人工的に築かれ、人が住む場所なのだから。だが、都市の火事が周辺の田舎と同様ひんぱんに（そして陳腐に）発生すると、どんな特徴があれば記憶に残る火災となるのかが問題になる。その答えは、物理的な破壊だけでなく、何かパンチ力のある影響があるかどうかであり、そうした火災は、ほとんどが帝国の首都で起こる大規模火災である。文学上の偉人が語る物語に火災が登場し、帝国の場所が変わるのに従って災害の年代記も移動する。それが、少なくとも西洋文明が記録する物語である。バークリー司教の言葉を言い換えるなら、大火は西へ向かって歩みを進めたのだ。

ここで最初に登場するのは、ローマの大火（紀元後64年）である。この火事が有名なのは、皇帝ネロの傍若無人といわれる性格と、火事の原因とされるキリスト教徒へのその後の迫害、火災後の町の再建、何人かの歴史家の記録のためである。中で

ユベール・ロベール、『ローマの大火、紀元後64年、7月18日』キャンヴァスに油彩。

サンフランシスコ火災、1906年。建物の大部分が木造だった町は森林を再構築したようなもので、森林のように燃えた。激しく渦巻く煙の柱に注意。

はタキトゥス（紀元後56年-117年）の記述が基準になると考えられている。火事の原因と規模にはいくつかの説があるが、偶発的という可能性が高い（町の焼け跡を再構築しようとしたネロが、密かに火を放つように命じたという噂はあるが）。火は5日半燃え続けて、町の大半を焼き尽くした。火事の規模がそれほど注目されないのは、町が石造りではなく火事が常にどこかで多発していたからだろう。

　1666年のロンドン大火は、ロンドンの大悪疫の翌年に起こった。この時にはシティの中心部が燃えて、居住者8万人の7万戸の家屋が破壊されたと伝えられている。9月2日にパン屋から出火し、乾いた東風にあおられた火は防ぐ手立てもなく9月5日まで燃え続けたが、風が弱まり消火作業が功を奏して拡大を食い止めた。この大火はジョン・イーヴリンとサミュエル・ピープスが日記に書いたのが有名で（大判印刷の流行歌とともに）、長く記録に留まっている。画家はこの火災を好んで描き、再建された町には大通り、セントポール大聖堂など、伝説的な建造物が作られた。現代にいたるロンドンという町の特徴は、この時に生まれた。これらの事すべてから、この火災が文化的な記憶に組み込まれた不朽の物語になったといえよう。少なく

92　　Fire

とも英語圏では、ロンドン大火は歴史上の記念碑になった。それ以降の大火の重要度を考える基準になり、教会とパブの損害が同数近くあったことが話題になるたびに、いくらか冷笑的な話題を提供する元にもなった。

　おそらくこの次に挙げるべきなのは、ナポレオンの1812年のモスクワ侵攻時に、帝国の中心都市に発生した火災だろう。フランス軍が9月14日に侵攻するとモスクワは炎上し、18日まで燃え続け、モスクワの4分の3ほどが灰になった。例によって火災の原因は情報源によって異なるが、事故と放火の両方だったようだ。モスクワには木造の建物が密集していて、木材の提供元である森のように燃える。おまけに、消火に割ける勢力はフランス軍との戦闘のために弱められた。だが、焦土戦術はロシア軍では常識的な軍事作戦で、燃えるのが野原から建物に変わっただけであり、実際そのとおりになった。風が吹くとちらほら燃える炎があおられて、大火災に発展していった。火事のためにナポレオンはモスクワを離れ、みじめな退却へと追い込まれる。こうしてこの火災は公式記録と個人的な日記に載り、さらにレフ・トルストイの長編小説、『戦争と平和』で描かれることになった。ロシア人はなるほどスキタイ人だ、とナ

第 5 章　有名な火災―アンソロジー

火災が近づくのを茫然と眺める市民。サンフランシスコ、1906年4月18日。

ポレオンは声をはりあげたそうだ。スキタイ人というのは草原に住む民族を指す古い言い方で、彼らは草原に火を放って防衛的な緩衝地帯を設ける。この作戦はその後も保持されて、ナチスが1941年にソヴィエト侵攻時にとったバルバロッサ作戦の対抗策に応用された。さらには、ロシアの林学の教科書に書かれるまでになった。

　西洋の列強（とその方法を競う各国国民）は、積極的に植民地化を進めて新しい市街を作ろうとしたが、この過程でも有名火災が名乗りをあげている。町が焼けて再建されるという以上に事が進む場合もあり、その一例としてシカゴが挙げられる。シカゴは1871年以後に町を再建したが、再建作業はモダニズ

ムの建築が生まれる機会も提供した。そのほか、ただ嵐のように来ては去った火災もあるが、そのうちのふたつの例がとりわけ興味をそそられるだろう。ひとつは 1906 年のサンフランシスコ地震による火災であり、もうひとつは 1923 年の関東大震災による火災である。どちらも最初の一歩は戦争ではなく、マグニチュード 7.9 の地震から始まった。歴史的な揺れが一撃を加え、その後に火災が発生したのだ。

　サンフランシスコも東京も基本的に木造建築の多い町で、以前にもひどい火災に見舞われていた。しかしこの時に受けた最初の一撃は、通常の火災用の設備の能力を超えたものだった。地震の揺れで、ランプやストーブの炎から無数の火がついたが、水道の本管は破壊され、輸送網が寸断され、消火作業はまったく機能できなくなった中、多数の火災が発生した。本来なら都市の機能を果たす社会秩序が、崩壊したのである。サンフランシスコの惨事は、4 月 18 日に始まって 3 日以上続いた。町の 80％が廃墟と化したが、内 90％ぐらいは火事が原因とされる。死者は 3000 人以上出ただろう。ダイナマイトで爆破したり戒厳令を発令したりと不適当な対応をしたために、事態はさらに悪化した。その後、サンフランシスコはこの打撃から立ち直って、以前の華やかさを取り戻すことができなかった。被害を小さくみせようとしても、サンフランシスコはこの地方の文化の中心である。この災害は科学的研究の対象になっただけでなく広く伝承される事件になり、当時新しい学問だった地震学の事例とされた。

　東京も長年火災に悩まされた町で、その度に立ち上がってきていた。けれども、1923 年の惨事は完璧な火災旋風である。強烈な揺れに加えて、炎をあおる沖合の台風からの強風が加わり、元々が燃えやすい材質の町は、対処能力をなくしてしまった。地震の揺れに火事が重なったため、東京近辺は壊滅的な打撃を受けた。死者の数は 10 万人から 14 万人と数えられる。

　地震は自然現象だが、これと匹敵する人為的な災害をもたらすのが戦争である。第二次世界大戦は火器を再導入し（燃焼と爆発を結合させて）、激戦地はどこも火災に見舞われた。ロンドン大空襲は有名だが、連合軍がドイツと日本の都市に加えた焼夷弾攻撃の結果には顔色を失うだろう。大きな損害をもた

関東大震災の光景2枚（横浜）、1923年。

らすのは火事である。爆発は瞬間的だが、火事は拡大していくのだから。ハンブルグやドレスデンでの火災旋風は複合的な悪夢となり、現在でも大戦全体のモラルに疑問を投げかける象徴と考えられている。東京、神戸、大阪への空襲はさらにひどい損害を与えたが、広島と長崎への原爆投下（と火災）はだれの目にも明らかな大惨事である。火災は以前からあるが、爆風と放射線は未知のものだ。原爆には人類が未経験の性質があり、そのためさらに強い恐怖を呼び起こすのである。

　産業経済の社会が到来して都市が勃興しあるいは再建される

96　Fire

と、町は火事を起こしにくい作りになった。可燃性の建築材料を使用する機会が減り、防火や火事遅延、消火の技術が十分に備わった環境で火事が発生しても、簡単には広がらない。こういう状況の中で、ふたつの相反する流れが、逆に社会の流れを阻むように働いてきた。ひとつは都市が郊外の外にまで拡散し、火の付きやすい土地と隣接するようになったこと。その一方、田舎の過疎化が進んで人口密集地帯の都会の中心部に人口が流入し、町の周辺部には草が生い茂っていること。どちらの場合でも、火事は外から中へと広がる。

　近年、準郊外の火事はよく話題にのぼる。マリブ、ロサンゼルス、サンタ・バーバラ、サンディエゴなどを1993年、2003年、2007年に襲った大火は、年中行事のアカデミー賞に登場する有名人のようによく知られることになった。しかし、もっとも甚大な被害をもたらしたのは、1991年のカリフォルニア州オークランドで発生した火事で、この時には25人が死亡し、オークランド・ヒルズ一帯が総なめにされた。だが、こうした現象はカリフォルニア近辺だけのことではない。準郊外の火災は、地中海性気候の工業社会ならどこでも悩みの種になっている。シドニー、メルボルン、ケープタウン、フランスのプロヴァンス地方などでも、似たような火災が発生しているのだ。どこでも同じような熱力学が働くが、カリフォルニアが特別なのは、ハリウッド・ヒルズに煙の柱がのぼり、炎がなだれのように燃

有名な場所での火事。野火がカリフォルニア州ロサンゼルスのグリノイス公園の背後を明るく照らす。2007年、5月8日。

第 5 章　有名な火災—アンソロジー

える様子がテレビ画面に映し出されるからだ。

　都市近郊一帯が家で埋まる現象は、逆に田舎の過疎化という現象も生む。あげくの果てに、田舎はやぶや雑草でおおわれ人工林が野生に戻る。これは地中海沿岸のヨーロッパでもっとも顕著で、驚くような光景を人目にさらすことになる。たとえば、パルテノン神殿は炎の中にシルエットになって浮かび上がり、ポルトガルのコインブラは町中と周辺のすべての未開拓の土地が燃えて、松明のような炎に囲まれた。これらの火災は1666年のロンドン大火のような、単一の都市の火災として歴史に残るというものではない。しかし、大局的にみると、このタイプの日常を超えた場所での火災は、同様の名声を得てもよいのだろう。

第 3 部
火の文化

私達のように……彼らも自分達の影を見ているだけだ。あるいは互いの影を見ているのかもしれない。火が洞窟の向かい側の壁に映し出す影を。

プラトン、『国家』（紀元前 380 年）

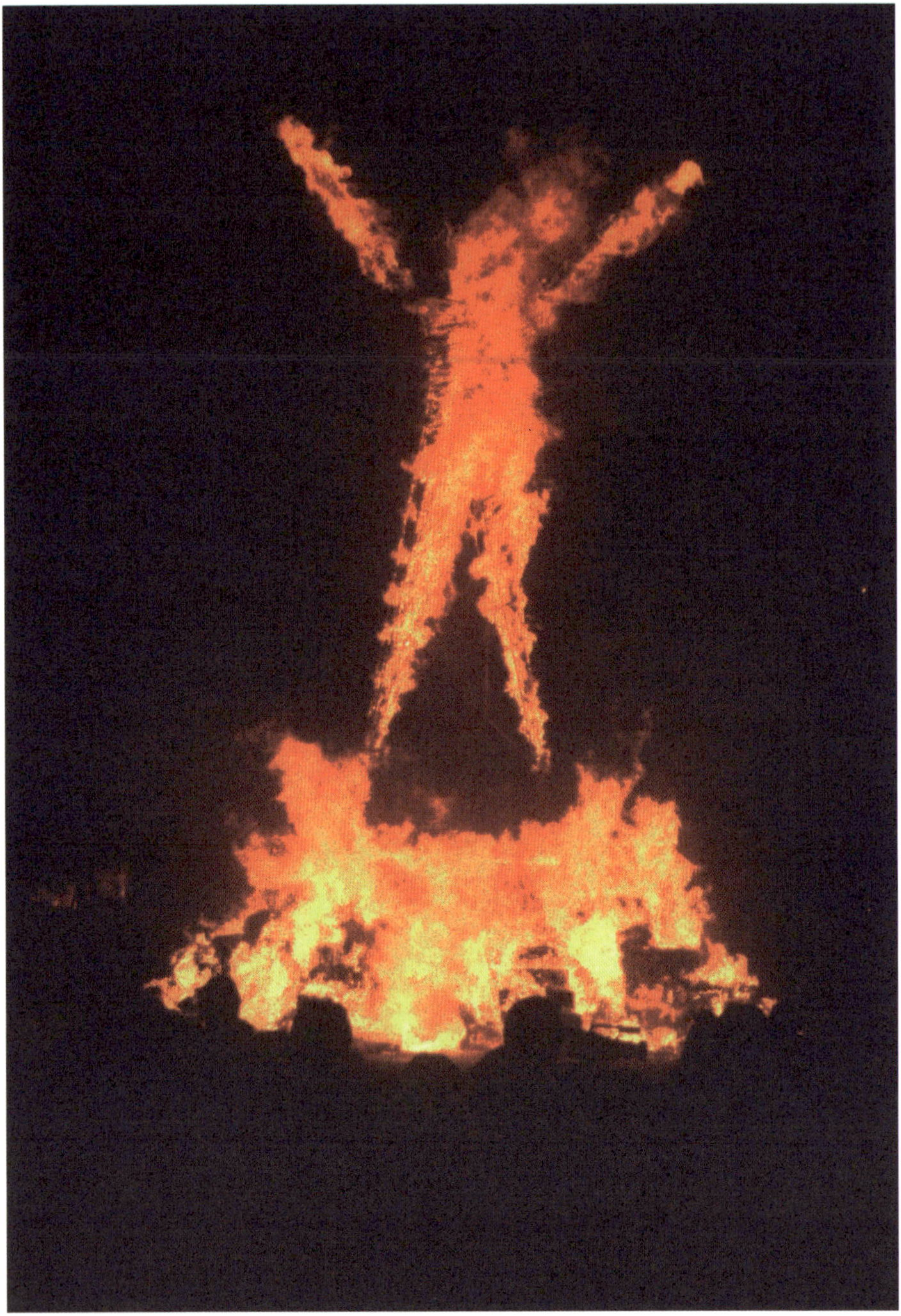

第6章　研究された火と作られた火

宗教学から科学へ

　古代の世界では、火は人が住む世界における重要な意味をもっていた。それだけでなく、火はその重要性にふさわしい知性に訴える地位をも占めていた。火は原初の神々とともにあり、神が内在するための最初の手段とともにあり、神々が保持していた秘蔵の力とともにあった。火は神ではなく、神がいない場所もある。しかし、火は神のような力をもち、自然界を形成し表していた。

　火は原野や住居で働いた。同じく火は知識の上でも働くことができた。「火は思想であり、象徴であり、主題であり、道具だった。火は金属や粘土を再製するように、思想も再生できた。説明が必要となれば、説明することもできた。火は弁証巧みで最終的な道具であり、世界のあり方を解体して構成部品に分解し、もう一度溶解して新たに合成する力も同様に備えていた。火を通して神は現われ、火について神話は語り、火によって哲学は探究され、火から科学が進化した。最終的には、科学は火の魔力と神秘と形而上学を破壊するだろう」とガストン・バシュラールは語り、こう結論を出す。「火はこのように何物をも説明できる特別な現象である」。火は「自己矛盾」さえできる[1]。

　火と水の神であるアグニとインドラは、ヒンドゥー教にある多くの神々を作った。インド・ヨーロッパ世界での炉の神であったヘスティアとウェスタはギリシャとローマの神だが、古代の神々の中ではもっとも古くもっとも長く敬われていた。ウェスタ神は世間一般にある長方形の神殿ではなく、唯一キャンプファイアのような円形の神殿に祭られていた。原初の火の神ウエウエテオトルは、スペインのメキシコ征服以前にあった奇妙

火の儀式。バーニング・マン。火の祭典のように思えるが（無秩序な火の祭典を挙行しようとしているようだが）、この式典はネヴァダ州のプラーヤと呼ばれる平原の真ん中で行われる。ここではキャンプファイアも個人のティキ象の松明も禁止されている。個人制作のアートは既定の台の上でだけ燃焼できる。小火器も花火も禁止。バーニング・マンは自由に燃える火の解放の証でなく、逆に強硬な封じ込めの証である。

ジョルジュ・ド・ラ・トゥール、『悔い改めるマグダラのマリア』部分、1640年頃。キャンヴァスに油彩。

な年老いた神である。ヘブライ人のねたむ唯一神であるエホバは、シナイ山で燃える低木の中から人間との契約を告げた。

　神話よりは世俗的な哲学も、火に神話と同等の地位を与えている。エンペドクレスにとっては、火は四大元素のひとつで中心にある実体であり、そこから世界が形成された。ヘラクレイトスにとっては、火は知識を与える原理であり、火の変化の本質によって世界の性格が決まる。「すべての物事は火との交換物、火はすべての物事との交換物である」。ピタゴラス学派にとっては宇宙の真ん中にある「中心火」が自然の動きを操作している。

　プラトンの洞窟の囚人はよく知られた寓話である。人は洞窟の中に閉じ込められていて、壁に映る影を真実の姿だと信じている、とプラトンは語る。この話では、火は信頼できない光明の源だが、本質的なものだった。アリストテレスの弟子だったテオフラストスは、火に関する小論を書いた。「すべての元素になる実体の中で、火は特別の力をもっている」。というのは、火だけは自己増殖できるからだ。

　ルネサンス初期になっても、アリストテレス派の学者は、燃

102　　Fire

える材木が自然界の働きを考えるパラダイムになると考えた。この考えは古代中国の哲学者の思想「五行」を反映している。五行とは木、金、火、水、土の5つの要素が万物を構成するという考えである。木は燃えて火を生じる。また、各地の錬金術師は物事を理解する方法として火に向き合ったため、火による哲学者（Philosophus per ignem）と呼ばれている。

　けれども、火は窮屈な存在になった。火の力は分解され小粒な表現に使われて縮まり、日常生活の些細なできごとに埋もれてしまった。こうして、物事を表す普遍的な触媒としては凡庸で力のないものになった。火はどこにでもあるが、特別な存在ではない。やがて、火は物事の源ではなく、何かのプロセスの結果の産物にすぎないとされた。ジョン・ダンはこうしたルネサンス期の風潮を認識し、次のように書いている。

　　そして新しい哲学はすべてを疑う、
　　火という元素は消えてしまった。

　けれども、パイロテクノロジーが代用物を考案し、自然哲学者がうまく炎を屈服させるには、なお少しの時間を必要とする。フランクリン・ストーブ［18世紀アメリカの政治家、科学者ベンジャミン・フランクリンが発明したストーブ］が炉の代用になるのに時間がかかったように。

　しかし続く世紀になると、火は主人から召使の地位に落ちた。産業化が先祖伝来の火の大地を変化させたように、啓蒙思想は先祖伝来の火の思想を変化させた。変革の時代が幕を開ける頃、火は自然史のどこにでも存在していた。中心火は地球に力を与え、太陽の火は天に輝く。電気を帯びた火が空に閃光を放ち、自由に燃える炎が野原や森林でうごめいていた。かまどや炉は、食べ物と加工用の石や材木の両方を熱していた。

　ところが時代が幕を閉じる頃には、火は技術的にも理性的にも粉砕されていた。酸素の発見は火を破壊し（架空の燃焼素フロギストンのような火の概念的な化身を破壊したからである）、火は急激な酸化の結果とされ、化学の下部にある存在におとしめられた。サディ・カルノーは1824年に蒸気機関についての革新的な理論を発表し、火の力つまり熱は、熱力学での実用的

な知恵であることを示した。

　火は思想上の特権的な地位から確実に除外されたが、これと並行して大地からも批判と不満を浴びせられて除外されていった。火を原動力とする機械をもつのは、産業化した社会で働くことを意味する。石炭から蒸気への転換は、農民や牧童や職人が作業に使用する技術であった火を機会工学の世界に移動させた。中心火は、物事を説明する力を失ったのだ。偉大な存在の鎖——すべての実在が完全さの順に従って連なる鎖が、もはや説明する力がなくなったのと同じように。

　マイケル・ファラデーの名高いエピソードがある。1860年、ファラデーは近代科学を一般の人に説明しようとして、適当なモデルがないかと考えた。そして、ろうそくを使うことを思いつく。なるほど、ろうそくの炎は物理学、化学、生理学、科学的哲学の原理を純化して示している。だが、火の概念はかつてそうした諸学問の疑問を形成する力になったのが、今やおずおずと原理を照らすだけの存在にすぎない。ろうそくを利用すると便利なのは、だれでもろうそくを知っていて、かつ基礎学問を数多く照らすからだ。炎は神の言葉を伝えるのではなく、研究室の実演を説明するようになった。プラトンが語った洞窟の逸話は、燃えるにつれ徐々に細くなるろうそくに矮小化されたのである。

　さらに続く世紀のあいだには、今度はろうそく自体が日常目にする物ではなくなり、電灯に取って代わられた。自然科学の主題が、燃える森から原子や遺伝子に変わる時代が来たのだ。こうして、学問領域が次々と交代し、同時に景観も様々に変化する中で、火は2番目、あるいは3番目の下位の付帯現象に落ちていった。

　それでも、火を注視する学問が唯一残っていた。林学である。ヨーロッパが支配権を世界に拡大するにつれ、国が保持する土地は国の森林監督官の管理下におくのが当然とされた。監督官は火事が自分達の権威に対する挑戦であり、国が主導する土地の保全を脅かすものと考えた。これが強迫観念になり、恐怖心に駆られた監督官は火を抹殺するために火を知ろうとした。

　林学はヨーロッパの作物学という地下茎に接ぎ木した学問で

ジョセフ・ライト、『太陽系儀の講義』、1766年、キャンヴァスに油彩。啓蒙主義は見えない火からニュートン力学と人工的な明かりを取り出して明確に示した。

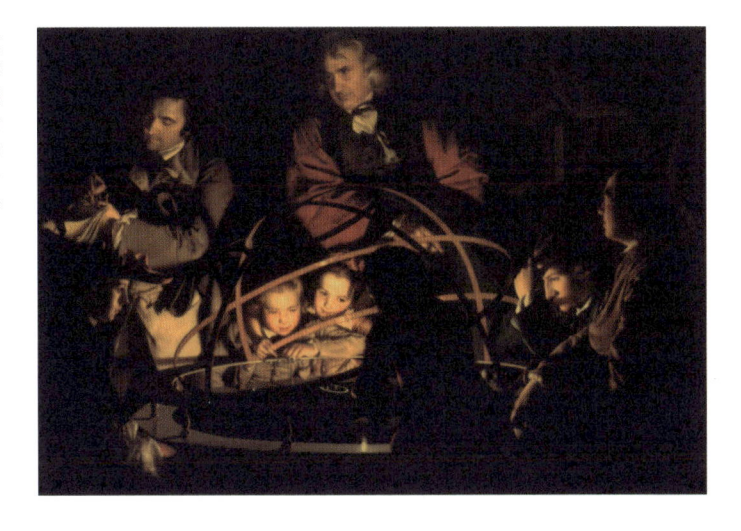

ある。本流の林学者は、火を農業管理の範疇(はんちゅう)に入れるべきでなく、職務を全うするためには火は排除されるべきだと考えた。プロイセン出身でアメリカ合衆国に移住したバーンハード・ファーノウ(1851年-1923年)は、合衆国初の専門的森林監督官である。よく知られていることだが、彼はアメリカの火災の現状に非難を浴びせた。火事が発生するのは「社会の悪癖によりモラルが低い」からだそうだ。森林監督官は火事を社会秩序の問題とみなした。大地がひんぱんに燃え上がるのは国が未熟だからで、小児期の病気のように免疫をつけて成熟する必要があるという。火災生態学の創始者のフレデリック・クレメンツ(1874年-1945年)の考えでは、火は植物群落が安定した極相に向けて「自然に」進歩するのを妨害するそうだ。だから、適切な対策をとれば事態は改善できるという。ヘラジカの生息個体を増加するために狼を殺すように、曲がりくねった川の流れを正して商業を活性化するように、あるいは天然痘を撲滅(ぼくめつ)するように。火災の管理はこれと同じだと考えられた。

　自由に燃え上がる火は家庭や都市では見られず、同時に原野からも姿を消した。つまり、火を火としてまじめに考える唯一の職業が目指したのは、原則として火を消滅させ、さらに火の研究を限定して、応用的な技術の根本に据えることだった。火の研究は知的好奇心を刺激し、地球の動きの根本原理に迫る問

第6章　研究された火と作られた火

（上）迫る火災。正確で厳格な科学がもっとも不正確な現象に直面している。ウィルソン山天文台と野火、南カリフォルニア、1924年。
（下）燃焼台での実験、森林火災研究所、ポルトガル、2008年。ミズーラ火災研究所、現在はアメリカ合衆国林野部。現在も主要な原野火災研究施設。

題である必要はないのだ。

　それでも、20世紀になると、とくに保護された公有地の管理を担当する政府の部局で専門知識をもつ必要性が生じた。これは政府が関与する科学で、公有地の管理を支援するのが目的だったから、直接的な緊急性のある問題を対象とする。ということは、火をコントロールするのが使命である。物理学的モデルを使って火の燃え方を解釈し、予測する必要があるとされた。20世紀後半には、火災研究所がロシア、カナダ、アメリカ、一時的にはオーストラリアに設立された。ヨーロッパでは広範囲にわたる火災が発生し、公共の安全性の観点からその地域の

J・G・ゴールダマー、ボール島での火災実験、1993年。国際野外実験がシベリアのエニセイ川流域で行なわれた。

懸念材料になっていた。そうした問題に対処するために、各地で研究所が設立された。ポルトガル国内、フランスの地中海地域の生態、スウェーデンにある北方の生物多様性が脅かされる事態になっていたのである。

ドイツのマックスプランク研究所のような施設は、地球規模の変化とくに大気への燃焼放出物の影響を調べるために設立された。火災研究を目的とする新設の組織には、アメリカの共同火災科学プログラム（Joint Fire Science Program）、オーストラリアの森林火災共同研究センター（Bushfire Cooperative Research Centre）、EUの火災パラドックスプログラム（Fire Paradox programme）などがある。

南アフリカは、アパルトヘイト政策をとっていた時代に火災生態学のプログラムを立ち上げ、灌木密生地帯、サヴァンナ、自然公園の管理を担った。南アフリカの火災生態学の実験的手法は、火災科学を燃焼挙動（火の燃え方）に基づくものと定義しない点で、理論的には本流から外れていた。

火災研究の重点が火のコントロールにおかれたのは、火が地球に本来的に存在し知的な興味を刺激するからではなく、火災の歴史を反映しているからである。火災科学は火災をコントロールする方策として始まったという歴史的背景があるために、燃焼挙動の研究は参照するだけの学問になった。つまり後

に続くすべての事柄は、燃焼挙動に関連しなければならない。火の生態、火の管理、火の社会へのインパクト、これらはすべて燃焼挙動から派生したとされる。燃焼挙動は火がおかれた状況（大体は生物学的な状況）の統合または結果だと考えるのではなく、火を理解する方向を決める推進力とされた。これが基本原則であり、火の知識はこの原則に従わなければならない。

　何と奇妙な本末転倒した考えだろう。火の短い些細な歴史が、長い時間の経過の中にある雄大な歴史より勝るというのか。とはいえ、この考え方からは、一般的に火がもたれるイメージと、社会が手をつけるべきと考える対処法がみえてくる。

　しばらくのあいだは、このやり方が最後まで効果があると思われた。火災は野辺からも原野からも、先進国の都市からも着実に姿を消したのだから。火災が発生しないことが、発展途上国での近代性の指標とされた。火の研究は多数の学問領域にわたる知的な壁の中に、安全に隔離されていた。それから驚いたことに、どうにもあり得ない事が目の前に迫ってきた。火が戻ってきたのだ。

　火は戻った。まったく単純に、実のところ火は消滅していなかったのだから。工業社会は火を都合良く純化し隠蔽しただけだった。森林監督官は抑制したいものを非難した。同じく尊大な知識人は、地球上に火が充満しているのを見逃していた。

　だが、開発が進んでいない地域では、火は季節ごとの植物の

国際樹冠火事モデル実験、広大な野外で一連の樹冠火事を発生させた。フォート・プロヴィデンス近辺、ノースウェストテリトリーズ、カナダ。

再生や春の洪水と同じく、珍しくもない代物だった。急激に開発が進んでいる国では火が燃え上がり、自由に燃える炎と産業的な火が結合して、火炎が伝染病のように広がっていた。先進国は火という疫病の予防接種を受けたと考えていた。ところが、火は原野保護区から広がり、隣接する郊外の端にある田舎に襲いかかった。21 世紀が始まると、どぎついテレビ番組のように、火災がふたたび発生しはじめたのである。

　火はよくある公的な劇場というべき、人目につく場所でリバイバル上演された。これは、火の管理と学問に対する興味に再び火がついた時代と重なっている。原野には火が再び出現していた。今度は消滅させられるべきものではなく、うまく管理し、時には回復されるものとして。進歩的な思想を抱く人達は、火を土地の管理用の道具ではなく生態的プロセスだとみる。火はある種の生物学的な働きをするが、これは火だけに可能である。生態学的観点にたつ人は、景観が進み発展するという硬直したモデルを否定し、混沌とした複数の視点をもつだろう。

　1988 年夏は火災にとっては特別な時で、イエローストーン国立公園に火災が発生した。すると、このメッセージは一般の人にも伝わった。開墾地で燃やす火に煙るアマゾン川流域の映像も同時に報道されたが、こちらは火の暗い面を表していた。火の研究は従来の居場所を拡張し、大気と地球の変化を含む科学になったのだ。

　生命と財産への脅威としての火、生態系の健全性に不可欠なプロセスとしての火、本来的な興味の対象になる主題としての火、林学のような問題に古くからテーマとしてある火。思想そのものが届く範囲から、はるかに離れた世界がある。その世界にいる人の意識と指針の中に力強く入り込んだ火。

　人間に利用され排除された火が突き付けた難問は、膨張する一方の学問領域に強い印象を与えた。先進国は世界の科学研究の中心だが、焼失面積が増加するのに連動して、火に関する科学出版物が次々と世に出てきた。火は大地の中で自分の占める位置を再度主張しただけでなく、生物相に働きかける能力と同じく、学問の中で活動する能力も再び手に入れたのだ。現在では火を扱う単一の分野はない。火は多数の領域を照らしているのである。

パイロテクノロジー（火を使用する技術）

　火を利用する技術の物語では、本質的に人間が自然から火を取り出して新たな目的に応用した話を語る。一般的な火の物語で焦点を当てられるのは、炉やかまど、オーブンや機械を使って石、材木、金属、砂、液体などを熱する火である。うまくコントロールされた火は家を照らし、自動車を走らせる。火は工業化学を下支えする。火は人間の行動のすべてにエネルギーを供給している、といっても過言ではない。ろうそくという象徴的なまでに小型化された火は、昇華して電動モータの中に表れた。今日の世界には火を使った器具と火を使ったエンジンが欠かせない。

　これに類似したより豊かな伝統からみると、パイロテクノロジーはある種のバイオテクノロジーだと理解できる。このバイオテクノロジーでは、我々は捕えて飼いならした品種について語り、あるいは召使にする種について話すだろう。どちらの場合でも、望ましい結果を得るために火の環境をコントロールする。火の力学では、火が燃える部屋を改造して、多くは精製した燃料と空気を送って発火させることを意味する。火の生物学では、土地を調整して燃焼可能な区画を作り、適切な時と場所を選んで点火することを意味する。生物としての火は家畜の羊や犬と同じく、荒々しい予想しにくい性質を改良されているが、自然の性質をほぼ保っている。しかし、風や太陽や有機燃料を完全にコントロールするのは不可能であるから、地上に燃える火は家畜と同じではない。飼いならしたはずの火でも、過激になり野生に戻ることもある。地上で使う火はほぼ自然の性質を保っているが、家畜の羊や犬と同じく、予想のつかない性質をもつ野生種から改良されている。とはいえ、風や太陽やバイオ燃料を、家畜と同じように完全にコントロールするのは不可能である。飼いならしたとされる火でも、時に過激になり野生に戻ることもあるのだ。

　古代の人々は、火の力だけではなく火の存在も意識しながら生きていた。人々は炎のそばで生活し、日常生活では絶えず火の世話をしたから、火が再生し爆発する力があることを知っていたのだ。キケロは『神々の本性について』（紀元前 45 年）の

Fire

中で書いている。「私達は穀物の種を蒔き、木を植える。土地に水を引いて肥料を与える。川をせき止めて望む方角に流れを変える。つまり、自分の手を使って第二の天性のように自然界で創造する」。1世紀に生きた大プリニウスは、第二の天性が火に依存すると述べている。「人間は知力を使い、技術の力を借りて自然を模倣している。これを検証してきた結論として、ほとんどの作業に火を必要とする事実に驚きを禁じ得ない」

　　火は炉の砂をとり、溶かし、ガラスにする。または銀に、鉛丹に、あるいは別の鉛か、絵描きや医師が使う物質にする。火の力によって、鉱石は分解し銅が作られる。火の中で鉄は生まれ　火に屈服する。火によって黄金は精製される。火によって石は熱せられて結合し家の壁に使われる……[2]

　火の技術史は、ある考えに関する知識年代記を反映する、と結論するのは魅力的である。時が経つと火は大地から取り除かれて、特注の部屋に閉じ込められた。川の氾濫が水流の調節弁になり得るように、野火は火を使う器具になった。技術が進歩するにつれて、人間は炎に加えるものと炎から引き出すものを自由に操ったが、そうするうちに炎をその基本的ないくつかの部品に分解してしまった。火と呼ばれたものは洗練されて、より純血な燃焼という種になった。こうなると、火は熱と光の中で荒々しく力を発揮することはなく、ギアやワイヤーのような、人がコントロールする機械で燃えるだけである。
　これが工業化社会の都会で圧倒的に多いパイロテクノロジーの物語である。この物語に登場する火は、機械の中の火であり、機械として再生され、ハンマーや蒸気動力の杭打機などの道具にされる炎である。火は人工的な限られた場所に閉じ込められ、知的には学問領域の中に収められている。このような枠組みの中では、火は普遍的であり同時に特異的でもある。火は実質的にすべての技術発展の過程で用いられるが、火としての明確な存在感を失い、ついには人が利用する火がもつ力の源がまったくみえなくなって、一般の利用者は草刈り機やハイブリッドのSUV車が火を使ったエンジンだとは思わない。炉は家庭の

娯楽センターに変わってしまった。火はスクリーン上のヴァーチャルな存在としてしか、火は知られなくなった。

とはいえ、これはごく近年の発展である。神話によく出てくるように、はじまりの時に人間に解放された火が自然の中に満ちているのなら、人間の第二の天性も自然の中に満ちているはずだ。ただし、より打算的で人為的なやり方をするだろうが。火の力を応用して、人間は石や材木、水、さらに空気でさえ、役立たずの物体を有用な物に変化させた。ついには、人は変化させるプロセスそのものに目を転じて、火自体の第二の天性を生み出した。

鉱山業の驚くほど広い作業分野は、火を必要としてきた。火は岩を割る切れ目を入れるのに使われた。火は石灰岩を焼いてセメントにし、砂を溶かしてガラスを作り、鉱石を溶かして銅、鉛、銀、鉄、錫に変化させた。それから第2段階として、できた物質を柔らかく溶かして異なる形にし、流し込み、鍛造(たんぞう)して

初期の近代的消火法の2例。ひとつは火を攻撃し今ひとつは火から防御する。

112　　*Fire*

道具や器、コイン、宝石にした。火を特定の目的に使用して、爆薬や削岩機、パワーシャベルなども作られた。火がなければ、鉱山業は掘削するだけの作業であり、鉱石は岩を割った小石にすぎない。

木に熱を加えるプロセスは、常に燃えやすい物質を扱うのでもう少し注意を要する。主にとられる方法では空気の流れをコントロールして、熱分解が過剰になって酸化にならないようにする。たとえば炭の製造には、この技術を使う。材木をうまく燃焼できるように積み上げ（ふつうは蜂の巣状の山）、土をかぶせる。天井と床に小さな換気用の穴をあけて、最小限の酸素で燃やす。こうすると揮発性の物質が放出され、黒く焦げた材木が残る。炭は白熱もしくは赤熱するが、炎上するような燃焼にはならないので、安定した温度を保つのに都合のよい燃料ができる。より精巧な製法をとると、未加工の化学物質ができる。同様のやり方で、（幹に切れ目を入れて樹液を取る代わりに）樹脂の多い松の幹や木片からタールを抽出し、いわゆる海軍軍需品と呼ばれるタール、ピッチ、テレペンチン、ロジンを作ることができる。

軍事目的での火の使用は、金属から剣を作ったりタールで船のコーキングにしたりするといった間接的な利用に留まらない。戦闘の前も最中も後にも、古代から炎そのものが武器として使用されてきた。大地に火を付け焦土にして侵入者をチェックするのは古くからの戦略であり、征服後にも一般に行われてきた。ビザンティン帝国の海軍ではギリシャ火薬というナフサを含む可燃性の混合流体の武器を使い、包囲戦にも使用した。しかし、実際に燃える炎を会戦で使うことはあまりなかった。火（と煙）をコントロールできなければ予測不能の結果になり、火が味方に向かうこともあり得る。しかし火薬が発明されると、この方程式はくずれて、「火力」は軍事力と同意語になり、戦場には発火する地点が散在することになる。

この後は、軍事的パイロテクノロジーは機械工学のパイロテクノロジーと同じ経過をたどった。「戦争機構（war machine）」は文字通り「戦争の機械」の意味である。ここでいう火力はコントロールされた燃焼による機械式車両や武器のことであり、そうした武器を使用して走り、射撃し、爆発させ、あるいは敵

の軍隊や都市を破壊した。戦いに勝利を収めると、武器を操作し燃料を補給する敵の能力を破壊した。逆に、たとえば石油を備蓄した拠点を占拠することは、戦略的計画の一部に組み込まれた。こうして、第二次大戦中のドイツ国防軍はルーマニアに侵攻し、大日本帝国はインドネシアに侵攻していったのだ。古代では鉄が重要だったが、20 世紀の世界では石油が重要になった。以前は腹がへっては戦ができなかったが、今ではガソリンタンクがなければ戦ができない。クウェートから撤退するイラク軍は、油田に火を放った。彼らは現代の焦土戦術をとっただけでなく、現代の軍事力の源に対する奇妙に象徴的な戦術を実施したのである。

　バイオテクノロジーとしての火の物語は、これとは異なる進化を遂げた。というのは大地で使用する火は、機械的な燃焼室の火のように完全にコントロールできないからである。また、火を構成部品に分解することもできない。それどころか、人間は火の相互反応をできるだけ幅広く利用し、火の触媒としての能力を操ろうとする。こちらの物語では、土地の利用法の変化が語られるが、中でもふたつの事柄が、現代社会でもっとも重要な意味をもっている。ひとつは、農業用地の利用法である。以前は積極的に土地に火を付けたが、同じ効果を得られる方法ができたために、組織的な燃焼は減少した。今ひとつは公有の

トーマス・ベインズ、『フィップス氏と射手が火を放って我々を追い出そうとする黒人に向かう』、1856 年。狩猟から戦闘へ。アボリジニは探検隊に火を放って苦しめる。

114　　*Fire*

アメリカ空軍第四航空団がクウェートの油田火災の上空を飛行する。撤退するイラク軍が火を付けた。砂漠の嵐作戦、1991年。

　原野の利用法で、以前には火が排除されていたのが、火には特有の生態学的な作用があるので、事故と意識的選択の両方の原因から火災が増加している。
　農業で使用する火は、ろうそくやブローランプのようにコントロールするのではなく、むしろ家畜化した羊の群れを統制するのに似た方法をとる。農民は選択的消耗とでもいうべきやり方で、可燃性の植物の生えた牧草地に火を放つが、これは山羊や豚の群れが、木の実や草の根を選んで食べるのに似ている。火がどのように燃えるかは、その場の状況により一定ではない。その土地の耕作の仕方が粗いか細かいか、あるいは火を付ける日の乾燥度や風向きによっても異なる。人間は火を放つ野原に可燃物を作り上げ、燃やす時と場所を選ぶ。こうして火をコントロールし、有用な効果を得る。農民はバイオ燃料を伐採し、排水し、燃焼地に運び、燃焼を拡散あるいは集中させる。おおざっぱに手のはいった土地では、野火に近い火が燃える。しかし、農業が機械化されるにつれ、屋外で炎が燃える機会は減少した。炎から得られる肥料と燻蒸の効果の代替物ができて、火は農地から姿を消しエンジンの中に入ったのだ。
　半分原野のまま残っている土地や、自然状態を保つために意図的に保護されている土地では、このような代替物が効果を発揮することはない。ここでは「規定の」燃焼、つまり特定のガイドラインに沿った燃焼が、多数の工業国にある自然保護区の

第6章　研究された火と作られた火

アルバート・ビアスタット、『カリフォルニアの巨大なセコイアの木』、1874年、キャンヴァスに油彩。ビッグ・トゥリーと呼ばれる巨大なセコイアの木はアメリカ西部での火災生態学研究の対象とされた。ここから火災政策が見直されて以前の規模に火災を復興することになる。

116　*Fire*

現代の火おこし棒、ドリップトーチは環境保全の野焼きに使用される。ベアー渓谷国立野生動物保護区、オレゴン州。

管理での基本的な方策になっている。状況によっては、コントロールしながらも自然の燃焼を真似る場合もある。かつては火が猛威を振るっていた文化的な土地を離れて、原野まで燃えることもある。こうした火は飼いならされていても、家畜のように完全に人間社会に順応してはいない。むしろ原野で捕えて綱にならした象や、サーカスで芸をするように調教した虎に似ている。野生の状況を増幅させるのが目的なので、管理者は火の「野生の」性質を利用しようとする。しかし、火を完全にコントロールしているとはいえず、野生動物が手綱をすり抜けるかもしれない。燃焼する場合も一定の割合でコントロールをはずれることはある。規定の燃焼（環境保全のための野焼き）は、機械の中の燃焼や人間に順応した燃焼ではない。生態のプロセスを捕えて、ゆるやかに人間の目的に合致させているのである。

　映画の『バック・トゥ・ザ・フューチャー』のように、時間を逆行して始まりにあった火に戻ろうというおもしろい動きもある。人間は自然界に拡散していた火を取り出したが、それをもう一度元に戻そうというのである。合衆国の西部には無人の公有地が多数残っているが、ここでは環境保全の野焼きが奇妙に変化して、過去が現在に再現している。元々は自然発火したのが人為的な規定の燃焼だと長年思われて、規定の自然火になった。そうした火は特定の場所で一定の燃焼挙動のガイドラインに沿って、燃え続けている。これはせいぜい逆説、そうで

第 6 章　研究された火と作られた火　　　117

なければ矛盾表現あるいはまずい皮肉のような現象だ。これは火を大元の火に戻そうという計画である。規定の燃焼などという紛らわしい名前は色々改変されたが、燃焼作業も（こちらもしばしば混乱する）、驚くような不首尾に終わることもある。けれども、この動きは広く続行されている。それ以外に方法がないのだ。というのは、火は人間が全面的に成型したものではなく、手をかして形を整えるにすぎないからである。

　古代ギリシャの都市国家にはプリュタネイオン、つまり公的な炉があった。村に共同井戸があったように共同の炉があり、市民はここに自宅や神聖な場所、あるいは仕事場の火をもらいに来た。この場所は部族自体の象徴になることも多かった。現代社会はプリュタネイオンの機能を人為的な景観の維持に特化したため、火は目に見える存在ではなくなった。ところが火を消し去ったのと同じ人間が、自然保護区を定期的に作り、そこでは火が燃え続けている。そうした場所は現代版のウェスタ神の神殿になって、自然が火を起こして守っている。人々は象徴的な意味合いにせよ、その炎から昔の秩序を回復するのに必要な火を取り出している。

　そうはいっても、以前と比べると火が燃える場面は少なくなっている。社会が崩壊する場合を除けば、以前のように多くの火は燃えないだろう。もっとも積極的に火を回復させようとする所でも、数は非常に少ない。オーストラリアのヴィクトリア州は保護区の最低5％を毎年燃焼させようとしているが、実際にはせいぜい1.5％にすぎない[3]。アメリカのフロリダ州は国内でもっとも火が燃えやすい土地だが、2009年に燃焼したのは1万1000km^{2}である。ところが最低基準は2万5000km^{2}と考えられている。デジタル時代のキケロ（110ページ参照）なら、ヴァーチャルな第三の天性と呼ぶかもしれないものは、まだ第二の天性を改造中である。

第7章　描かれた火

　火を利用するには技術が必要であり、火を扱う人はだれしも、火を管理するにも技術があると言うだろう。野外でのんびり牧畜に従事するのもかまどで火を搔き立てるのも、この点に変わりはない。火は非常に多くの物の触媒をし、さまざまな技術を可能にしてきた。火はノミ、顔料、墨を作り、火を囲んで一族の物語が語られる。一方で、火は書物や絵画を焼失させる存在でもある。人の住む周辺のいたる所にありながら、火自体が美術の主題やテーマになることはまれである。

　このような火をとりまく環境、つまり人間と火と技術や美術の関係は旧石器時代に始まった。ヨーロッパに残るもっとも古い美術は、ラスコーやショーヴェの洞窟に描かれた絵画である。こうした絵は火を使って作った炭や顔料を使い、火の明かりの元で描かれたのだが、描かれているのは炉や炎を上げる風景ではなく、トナカイ、野牛、毛深いサイなどの動物である。こうした壁画を見るのはおろか描くのにも、光を使う必要があっただろう。そして、光とはごく最近まで炎を意味した。けれども、火は世界を描きスケッチするのを可能にはしたが、火自体がテーマや絵をまとめる中心にはならない。

　火は世界各地の民俗芸術にみられる。これは火が日常生活につきものだからで、野営地の火、炉、たき火、松明、かまど、ろうそく、時には屋外の火事などは、日々の生活に欠くことができない。だから、日常世界を表現する素朴な作品に火が出てくるのは不思議ではない。伝承作品で火を比較的多く取り上げる社会もある。たとえば、おそらくオーストラリアのアボリジニ絵画の5％は森林火災を主題にしているだろう。ロシア、アメリカ、オーストラリアの民俗芸術では、現代になっても火事

の場面が描かれる。なかにはハイアートに取り入れられるものもあるし、そうして生まれた優れた表現が再び民俗芸術に還元される場合もある。一例をあげると、ヘブライの預言者聖エリヤのイコンでは、火がモチーフのひとつになっている。

　本格的な火の美術は、モチーフと手法と機会がうまく合致したところに生まれる。火はテーマにもなれば、テーマを語るには欠かせない付属物にもなる。特定の時期の画家が火に興味を抱くテーマとなることもある。火の美術が芸術だと認められると、他の画家も関心と敬意を払うようになる。西洋文明では、火の美術は断続的に登場する。何らかの火の表現が社会で認められ、想像力を暖め、火の絵画を支えるジャンルが生まれる。こうした機会をとらえて画家は地位を築き、名声を確立する。そうすると、また火をテーマにし、あるいは装飾的なモチーフにした絵画を制作するだろう。火と美術が共通の大義をみつけたのである。火が永続的なテーマになることもあり、時代の風変わりな好みに左右されることもある。単に画家の特異な感性を反映しているだけ、というのもあり得る。周辺でひんぱんに火災が起こっていても、決して絵に火を描きこまない画家もいれば、わざわざ火を求めて何度も描く画家もいる。特定の画家集団、つまり正統な絵画の流派が、流派を表すテーマに火を選ぶという特殊な状況が生じる場合もある。

　火のテーマとして常に描かれるのは、燃え上がる都市である。つまるところ都市は画家とパトロンが住む場所であり、自分達の居所が破壊されるというのは、個人的にも社会的にも記憶に残るできごとだろう。ユベール・ロベールのような新古典主義の画家にとっては、紀元後64年のローマの大火が適当な主題だった。もう少し近年の火事、たとえばロンドン（1666年）やモスクワ（1812年）などの、灰になり廃墟に帰した帝国の首都に主題を求める画家もいる。19世紀になると安価な印刷技術が登場し、定期刊行物や一般大衆が同時代の大火の絵画のマーケットになり、ひとつのジャンルともいえるほどになった。アメリカでは、大衆向けのリトグラフ工房であるカーリア・アンド・アイヴズ印刷工房が、日常生活を描いた美術作品の中に火事（および消防士）のテーマを含めるようになった。

ここで、一定の様式と比喩(ひゆ)的表現が表れる。人々の仕事を描く場面に、都市の消防士が登場したのだ。ホースを火炎に向ける消防士、被災者を救助する消防士、ナイアガラの滝のように町の通りに流れる炎。こういう場面が、大衆向け美術のイコンとなって描かれた。入植者の社会が炎をあげるフロンティア沿いに木造の町を建設すると、まずは銀行や学校を作るだろうが、燃える町も予定どおり定番の画題になったのである（繰り返し火事になる町が多く描かれた）。火を描く作品を通して語られるのは、再生と成長の物語である。しかし、やがて木造の町は成熟してレンガと鋼鉄の都市になり、バケツリレーのボランティアは機械を使用する消防隊組織に進化していく。そうすると、火の美術はアルバムと消防署の壁の中に引っ込んでしまった。2001年9月11日には、ニューヨークのワールド・トレード・センターのツイン・タワーが燃え落ちる。これは近年でもっとも劇的な都市火災だが、美術界ではなくテレビのジャーナリズムを刺激した。本格的な火の絵画が再び出現するなら、古い絵画手法の復興なのか、都市の大火の描写とは異なるジャンルの誕生なのか。後者の方が可能性は高いが、どちらになるのか興味深いところだ。

　これ以外の火の美術では、特定の時代の特異的な趣味から火をテーマに取り上げた。たとえば、ルネサンスは古代ギリシャ・ローマへ熱烈な憧れを抱いた時代である。それで、ローマのかまどと炉の神であるウルカヌスとウェスタが色々な場面で描かれ、物語の挿し絵に登場した。けれども、圧倒的に多く描かれたのは人間に火を与えゼウスに罰されたプロメテウスである。ピーテル・パウル・ルーベンス（1577年-1640年）のような大家も一度はプロメテウスを描き、続くヤン・コシエール（1600年-1671年）、ヤコブ・ヨルダンス（1593年-1678年）も描いた。大部分の美術は美術から生まれ、火と同じく自己再生するようだが、前代の美術が何世紀か後にこだまのように繰り返すこともあるだろう。そうはいっても、後の表現は元にあった内省の炎の反映よりは、燃え尽きるろうそくの炎の最後のゆらめきにすぎないのかもしれない。

　確かに、プロメテウスのモチーフは初期ロマン主義時代によく取り上げられた。この時代には、画家と発明家を新しいプロ

メテウスとみなすことが多い。『鎖を解かれたプロメテウス』（1820年）はシェリーの詩に始まり、絵にも描かれた。ウィリアム・ブレイクですら1幅の作品を描いている。けれども大部分のイメージで強調されたのは、プロメテウスのゼウスへの抵抗に対して科された恐ろしい罰である。ロマン派が注目したのはプロメテウスが取り出した火ではなく、鎖を解かれることだったのだ（第8章参照）。ここでの絵画のテーマとしての火は、主題ではなく主題を助ける存在で、横に添えられた松明か、背景になったのである。

　これが変わったのは19世紀になって、風景画が流行し、主要なジャンルになってからである。画家は町を離れて自然がそのまま残る場所に出て行く機会をもったが、そこでは火がひんぱんに燃えていた。屋外には荒々しい山があり、草がなびくプレーリーがあり、自由に繁茂するやぶや草原がある。入植者の社会の風景が、台頭してきた愛国主義と結びつく。こうした場所では、絵画はヨーロッパでは考えられないほど情熱的に愛好された。探検隊には画家が同行したので、訪れた場所の記録や不思議な事柄の目撃情報としての価値がある絵画が残された。

　報告をしようとする本能に動かされた画家、つまりジャーナリストとしての画家は、火を記録する機会と範囲を大きく広げた。だが、ヨーロッパ人が見知らぬ土地に進出しはじめた当初から火は絵画に登場したとはいえ、そこに描かれるのは大部分が日常生活で使われる道具としての火である。松明の火、料理の火、儀式での火。あるいは火矢、小火器、燃え上がる村落。漁船の火、要塞で燃える火、獲物を探す猟師の手に握られた火。これらの火は、ヨーロッパのはるかかなたの土地での発見物語に登場する。安価に複写できるリトグラフの技術が進歩し（多色刷りも可能になった）、定期刊行物のような大衆的なメディアが登場すると、挿し絵が喜ばれて劇的なシーンの需要が高まった。描かれるテーマが、炎上する都市から炎上するプレーリーや森に変わったのだ。19世紀の火災を描いた絵画で特異なのは、報告のための絵画が美学的価値観と結びつき、本格的な美術家による本格的な作品が制作されたことである。この傾向がさらに進んで、火災の風景画とでも呼べる美術の一派が生まれた。

ピエロ・ディ・コジモ、『森の火事』、1505年頃、パネルに油彩。ルネサンス期のフィレンツェの作品。おそらく火をテーマにしたルクレティウスとウィトルウィウスの作品を変化させたもの。

　なぜ火災の美術が生まれたのかを説明するうえで、理由のひとつには画家の個性が挙げられるだろう。火に魅力を感じる画家もいるが、ほとんどの画家は興味をもたない。だが前者のある画家が1枚の絵に火を描くと、別の絵にも描くだろう。描かれるべき規範になるのは、大体は時代を代表する少数の大家である。その大家が活躍した頃に風景画が流行していて、多くのフロンティアでは実際火が大いに燃えていた。

　もちろん、例外的な画家もいる。彼らは火に焦点を当てた著名な作品を1点だけ制作した。ピエロ・ディ・コジモは寓意に満ちた（そして唯一火を描いた）『森の火事』を古代に続く三部作のひとつとして1505年頃に描いた。フレデリック・チャーチは重厚な風景画「死の影の谷で境界に佇むクリスチャン」（1847年）を描いた。ここで焦点になるのは巨大な炎の柱——聖書に出てくる火の柱が割れて、十字架になる——である。彼が火を描いたのはこの1作だけだ（これは火が宗教的なテーマに合致した例で、火への憧憬から宗教的なテーマが出てきたのではない）。ギュスターヴ・ドレはエドワール・シャルトンが編集した『世界一周』誌の説明文をリトグラフで表現し、プレーリー火災の場面の仕上げとして逃げ出す野生動物（あるいは羊）を付け加えた。ジョン・シンガー・サージェントは20世紀初頭に、アルプス山脈の火災を水彩で描いた。これは社会人の肖像画で知られる彼の全作品の中で、火を描いた唯一の珍しい作品である。ルネ・マグリットはダダイズムともいえる「狂信者たち」（1950年）を制作した。この絵では黒い鳥が燃え上がる

第 7 章　描かれた火

たき火を見下ろしている。しかし、マグリットはこれ以外に火を描いていない。これらの例では、火は画家がテーマを繰り返すときの新しい表現方法として使われた。

火をテクニックとして多用したために、繰り返し巧みに表現するようになった画家もいる。たとえばジョセフ・ライトは、背後にある炎を使ってテーマを照らし出す名人になった。彼はおおむね燃焼を光として扱ったが、光には近代の発明と思想を照らす力がある。有名な『オーラリについての講義をする哲学者』（1766年）がその例である。しかし、『火葬の薪』のように火を名目上の主題とするときでも、はかない炎がいくつか描かれるだけである。ここではフランクリン・ストーブのように、視覚的には回りの状況が炎をきれいに包み込んでいる。

火というモチーフに真摯にとりくんだ著名な画家は、ひと握りにすぎない。彼らは探検隊に同行し、報告のための絵を描いた。ヨーロッパが植民地を獲得してゆく熱い前線で、火に出くわした世代である。もっとも幅広く活躍したのはトーマス・ベインズ（1820年-1875年）であることはほぼまちがいないだろう。彼は南アフリカでは草原の火事を、オーストラリアとニュージーランドで森林火災を苦労しながら描いた。ベインズは英国で絵の勉強をしたから、イングランドの荒地や干し草の山が燃えるシーンも（英国のどこかで）まちがいなく描いただろう。もっとも、ほとんどの火の画家は、母国に留まっていた。

社会的なマナーにお国柄があるように、国によって火災絵画を展示したり、やめさせたりと対応も色々ある。美術でも民俗芸術でも、火の絵画の伝統があり現在も描かれる国もあるが、まったく火の絵画がない国もある。火の絵画が深く根をおろした伝統になっている国は、自国の風景を国家としての個性とみなしているといえよう。これに対して火の絵画という伝統がほとんどない国は、自己認識を他の物においているのだろう。カナダには膨大なプレーリーと広大な北方の森林があり、そうした所では天まで達するかという炎が巻き上がるのに、火の絵画の伝統がほとんどない（例外として重要なのが、ポール・ケーンが何かに取りつかれたように描きなおした、1846年夕刻の北サスカチュワン川流域でのプレーリー火災である）。カナダ

の画家は自分達を知識人と認識しようとした。また、自国独特の個性は奥地の森林地帯ではなく、森林以外の場所と風習に求めてきた。火に対する創意工夫は、絵画よりは工業技術に向かったようで、カナダ人は火災絵画を制作しないで消火用ポンプを作った。だが、アメリカ、ロシア、オーストラリアでは、野火(のび)は国家としての自己発見の一部とみなされる。彼らはこうした考えを文章だけでなく、絵画としても表現した。

アメリカのプレーリー火災派の絵画

　風景画を描いた、アメリカの著名なハドソンリヴァー派は、火を描くことはなかったが、西部では著名な多くの画家が描いた。グレートプレーンズでは毎年のように炎が燃え、画家を、その土地を、開拓者を、歴史に残る炎の渦に引きずり込んだのだ。

　最初に登場するのは、ジョージ・カトリン (1796 年 -1872 年)である。彼は野生が残るフロンティアと居住者の姿をそれらが消滅する前に絵に留めたいという思いに駆られて、1831 年からミズーリ川を航行し、著名な絵画を数点描いた。そのひとつでは、よくある描写だが、地平線に巻き上がる煙と炎を、アメリカ先住民の一家が驚いて前景で眺めている。別の 1 枚では、ハイプレーンズのプレーリーの前景に火が燃え、炎が川の流れのように進んでいるところを細密に描写している。

　　　草丈が低いと火は地面をはうように燃え、炎の勢いが弱いから簡単にまたげる。野生動物は鼻づらに炎が迫るまで、のんびりと巣にいることが多い。火が迫ると仕方なしに立ち上がり、火を飛び越えて燃え残った地面を走り去る。後には黒焦げの大地が残る。

　カトリンは「家畜が新鮮な草を食べられ、旅人にも安全な道ができるように、ひんぱんに火を付ける」と注を加えている。こうした火は実用的なだけでなく美的でもある。

　　　火が燃える夜は、言いようもなく美しい。遠くから見ると炎は閃光(せんこう)を放つ輝く鎖のようで、流れる炎は夜空から垂

れる優雅な花飾りのようだ。回りの山は背景に沈んでいる[1]。

　今ひとつの描写では、画面の中心に馬を駆る動きのある場面が描かれる。ここではアメリカ先住民が、波のように押し寄せる巨大な炎から逃げ出している。カトリンは息を殺して日誌に書き留めた。

　　燃えるプレーリーには別の姿もある……戦い、つまり火の地獄だ。草丈が２mほどもあると……ハリケーンに炎があおられて、遮るもののない土地に広がるプレーリーをしばしば総なめにする。こういう草原がミズーリ川、プラット川、アーカンソー川のあたりには多い。幅が数キロもあり、まったく平坦な原に背の高い草が風になびいている。草原を馬で進んでいて、波打つ草の頂上を見渡そうとすると、鐙から立ち上がらなければならない。草原に火が付いたところに強風が吹けば、炎は非常に恐ろしい勢いで広がる。そうすると、駿馬に乗ったインディアンに襲いかかり、運悪く命を落とすことも多い[2]。

　カトリンが創造した火の対極的なありようが、類型として定まった。ひとつは地獄の火にも似た燃え盛る火で、雷雲のような煙が巻き上がり、稲妻のような炎が飛び散る。何人もの画家

（左）穏やかな火、ジョージ・カトリン、『燃えるプレーリーの絶壁』、1832年、キャンヴァスに油彩。

（右）獰猛な火、ジョージ・カトリン、『燃えるプレーリーの草地——ミズーリ川上流』、1830年、キャンヴァスに油彩。

126　　*Fire*

火の脅威。チャールズ・ディーズ、『プレーリーの火事』、1847年、キャンヴァスに油彩。

が、バイソンやヘラジカ、レイヨウ、オオカミ、羊、畜牛、さらには人間を蹴散らす、波うつ炎を描くときには、こちらの火を描くことが多かった。ここでは、それと対極にある場面として描かれたのは、小さな群れが火の脅威におびえているところである。チャールズ・ディーズ (1818年-1867年) は一旦罠猟師の前で小さくなった炎が、幌馬車隊を脅かす場面を描いた。アルフレッド・ジェイコブ・ミラー (1810年-1874年) は、罠猟師とアメリカ先住民が迫る炎に向かい火を放ち、風下に向かって脇道から大急ぎで逃げるところを描いている。カーリア・アンド・アイヴズ印刷工房は、大衆向けのリトグラフのシリーズを出版し、ここではさらに一般的な火への対処法が劇的に描き出される。数人がエスケープ・ファイア（逃げ道としての火）を放ち、素早く迫る火の前面から急速に燃え落ちた地点に向かって逃げ出そうとしているところである（A・F・テート「罠猟師の自己防衛、『火と闘う火』」、1862年）。

　20世紀になっても、アメリカでもっとも著名な画家やイラストレーターでさえ、同様の美術作品を制作した。フレデリック・レミントン (1861年-1909年) の絵では、アメリカ先住民が草に火を付け、牧童が「ビーフ・ドラッグ」［皮をはいだ子牛

第　7　章　描　か　れ　た　火　　　　127

(上) 境界を越える火事。カナダの探検家であり画家のポール・ケーンは今日のエドモントン近辺の夕景を描いた。『燃えるプレーリー』、1846年頃、キャンヴァスに油彩。
(下) 記憶に残る火事。チャールズ・M・ラッセル、『プレーリーの火事』、1898年、板に油彩。

を炎の上でひき回し、子牛の水分で鎮火すること] でその火を消そうとする一方、カウボーイは迫る炎から逃れようと、必死になって家畜を追い立てている。チャールズ・ラッセル (1864年-1926年) はクロー族がブラックフット族の狩猟場に火を付ける場面を描いた。彼が描いた絵には、バイソンやレイヨウが迫る炎を逃れようと川を渡るところや、野営地の火、信号の火、料理の火が同時に見える場面もある。こうした絵にはさらにいくつかの場面も含められるだろう。蒸気機関車が火の粉を吐き出し、傍らでは野原に燃える炎とバイソンが先を争っているところや、火に逃げまどう動物の絵や、数えきれないほど多くの

昔ながらのイメージの複写とカラー刷り。さらに近年になると、環境問題への関心が再び強くなり、現代の画家にも火の絵画への興味が再燃している。しかし、ほとんどの画家と同じく、彼らは本能的に偉大な先人の模倣をするのである。

ロシアのウラル地方の火災派絵画

アメリカではプレーリーの火を描いたが、ロシアでは森林の火を描いた。スカンディナヴィア半島にも連なるタイガをもつロシアは、隣接する地域とは異なり、ロシアは北方の森林を林営地に利用することはなかった。また、格式のある美術で火を題材に取り上げることもなかったから、火は野生のまま存在していた。ロシアの北方風景はカナダとほぼ同程度に広大である。しかしカナダとはちがって、ロシア人は自国に独自のものとして、タイガに強い絆を感じていた。火は熊や樺の木と同じく森には付き物だが、彼らは森の火ともつながりを感じていた。そしてオーストラリアともちがって、よく描かれた火災の絵が（民俗芸術には常に多くみられる）、組織だった絵画グループに似たものに昇華していった。

19世紀末のロシア絵画に、移動派と呼ばれる画家の集団があるが、火災の絵画はこの時期に連動して起こった。移動派の画家はウラル山脈近辺に集まっている民俗的なテーマの絵画や肖像画、自然の風景などを描いた。火はヨーロッパの風景画では基本的なモチーフではないが、ウラル地方ではよく描かれた。こういう背景があったので、後はありふれた民俗的な絵画を美術に高める人物がいればよかった。それがアレイクセイ・クズミッチ・デニソフ-ウラルスキーである。アレクセイはウラル地方西部のペルミで育ち、準貴石を扱う家業の手伝いをしていた。彼が絵と出会ったきっかけは、準貴石の工芸品を見本市や展示会で展示する際に、背景になる透視画を描いたことである。アレクセイは絵に、それから火に魅せられた。火の雄々しさと力を描いて「火とひとつになる」のだと心に決め、20年間絵を描き、創作した。彼は自分の故郷に強い愛着を感じていて、名前の最後に「ウラルスキー」と付け加える。1900年、アレクセイは自分でも傑作と思える絵を描いた。それが「森の火（Lesnoi Pozhar）」である。この作品はウラル美術展で展示

(上) A・K・デニソフ - ウラルスキー、『森の火』、1904年、リトグラフ。これは万国博覧会当時の新聞に出た版を（垂直に）切り取っている。
(下) V・N・ドブロフスキー、『森の火』、ソヴィエトリアリズムとキュービズムの混在。

され、L・N・ズコフ、A・A・シェレメンチェフ、N・M・グシン、I・I・クリモフなどに刺激を与えた。彼らは自分達が美術の一派だとはっきり意識しなかったが、彼らの作品は全体としてひとつのグループのようになった。アメリカのハドソン川が超自然的な風景で、またオーストラリアのメルボルン近郊のハイデルバーグ周辺の灌木(かんぼく)が、それぞれの土地に根差した絵画で有名になったように、ウラル山脈は火の絵画で著名な土地になった[3]。

Fire

アレクセイは厳しい人生を送り、時には絶望に駆られることもあった。最後にはフィンランドの別荘に滞在中にロシア革命が勃発し、故国に帰れなくなるという悲劇が起こる。彼の傑作『森の火』も制作者と同じく、悲劇的な運命をたどったようだ。デニソフ-ウラルスキーは自分の作品がアメリカに向けて送られた後に、何が起こったのかまったく知らない。この作品の放浪が始まったのは、1904年のセントルイス万国博覧会に向けてペルミから送られた時である。博覧会では、日露戦争の影響からロシアの展示がすべて撤廃されそうになったが、エドワード・グルンワルトという毛皮商の企業家が代案を出した。公式の代表団ではなく自分が私的な展示を出して、委託という形で作品を販売しようというのだ。その結果『森の火』は銀賞を獲得し、数紙の新聞社がカラーのリトグラフの複製を作った。このリトグラフから『森の火』はアメリカの大衆文化に浸透し、大衆向けの複製が綿々と作られるようになった。
　その後突然、大部分のロシアの美術作品もろとも、この絵画が消え去ったのである。ところが、どういうわけか結局はビール業界の実力者であるアドルファス・ブッシュの手に落ちる。1926年には、この絵はダラスにあるブッシュ経営のアドルファスホテルのロビーにかけられた。1950年には、セントルイスのアンハイザーブッシュ社の接待室に現れる。1979年3月には、ブッシュ家がこの作品を全国人文科学基金に渡し、ソヴィエト連邦に返還することにした。そのための式典が、わざわざワシントンのソヴィエト大使館で開かれた。ところが、ここでこの絵はまた姿を消した。大使館は自国の主要な美術館に絵を渡すと言ったが、受け取った美術館はない。大使館は所有していないと言い、この絵の所在は今でも公的には分かっていない。
　オリジナルの作品がなくなったのとは逆にこの絵の複製は氾濫しており、民俗文化に浸透したために、歴史上もっとも多く模写された作品になった。アメリカの素朴派の画家モーゼスはこの絵を描き、アマチュア画家の絵にも無数に登場する。複製画は油彩が多く、こちらも毎年多数制作されている。大きな火災と同じく、偉大な火災美術は増殖する力があるのだ。

オーストラリアの森林火災の伝統

　オーストラリアの森林火災は、長年この国の個性と結びついてきた。ユーカリやコアラと同じく、森林火災もオーストラリアに備わったものであり、火災と闘うコミュニティーはオーストラリアの美術と文学に組み込まれている。人口数と比較すると、オーストラリア各地には高尚文化として最高密度の火災美術がみられる。オーストラリアの絵画にはアメリカと同じく、報告し賛美する要素があり、オーストラリアという風変わりな国土を記録し、アメリカより劇的な国土の表情と結びつこうとした。19世紀のアメリカ絵画は、森羅万象から生まれたかと思える新鮮な栄光に満ちている。しかし、オーストラリアの森林火災はもっと危険で不吉であり、人と同化できないように思える。大火がオーストラリアの歴史上の重大事件を物語るなら、火災の美術は事件がもつ意味の記録をたどる。

　他の新世界と同じく、オーストラリアでも自国の絵画の数を増やしたいという欲望が、各種の絵画を描く強い動機になった。オーストラリアの自然史は旧世界とは正反対のようで――ダーウィンは別に創造されたかのようだと思った――そのため、カンガルーやカモノハシに加えて、森林火災も書き留める値打ちのある珍しいものとされた。炎はホルムアルデヒドで保存したり剥製にしたりすることができないから、博物学者は絵や文章という道具を使って火を記録した。アボリジニの一家を最初に

ジョン・ロングスタッフ、『ギプスランド、1898年2月20日、日曜の夜』、キャンヴァスに油彩。

ラッセル・ドライズデール、『森林火災、1944年』、人造板に乗せたキャンヴァスに油彩とインク。

記録した絵では、子供の手に火おこし棒が握られている。その後の絵には火おこし棒がほとんど見えないが、代わって森林火災が風景画の遠景に描かれた。

　ヴィクトリア州では、炎はワラビーのように画面を飛び回るだけではない。火事は歴史に残る重要なできごとだから、高尚な様式の絵画に描かれるべきだとされた。ヨーロッパでは、偉大な戦闘や歴史的瞬間を劇的に描いた大作が制作されたのに対して、オーストラリアでは、うねるような森林火災が眼前にある社会に迫る場面が描かれた。オイゲン・フォン・ゲラール（1811年-1901年）は、野生の怒り狂う炎が本格的絵画の画面に登場できることを示したが、彼の場合は遠方から眺めているだけだった。森林火災を見る者に近づけ、投げつけるように描いたのは、ウィリアム・ストラットで、彼が描いた『暗黒の木曜日、1851年2月6日』（1864年）は、オーストラリア絵画の様式を決定する手本となった。彼もこの巨大絵画を代表作と考えるようになったのは、まちがいないだろう[4]。

　ストラットは1850年7月にメルボルンにやって来た。当時はゴールドラッシュへの転換期で、オーストラリアの入植地での最初の大火まで6か月の時でもあった。1851年2月に、お

第　7　章　描　か　れ　た　火　　　｜　　　133

そらくヴィクトリア州の4分の1が燃え落ち、大火が起こった日は暗黒の木曜日と呼ばれるようになった。ストラットは火災そのものを目撃したのではないが、その場の状況は感じ取り煙を吸って、日誌やスケッチブックにメモや火事の詳細を綿密に書きこんだ。1864年、ストラットは巨大なキャンヴァスに『暗黒の木曜日、1851年2月6日』を完成させた。彼はこの作品をロンドンで展示したが、公的なコレクションに入れたいという意向をもち続けていた。しかし、絵の反響は大きかったものの、売れることはなかった。

　その後の100年間、この絵は適当な保管場所を探して英国とオーストラリアの入植地を転々とする。1883年には南オーストラリアにあった。その後の数十年は個人が所有していたが、アデレード、メルボルン、シドニーの施設を行き来した。少なくとも一度は、南西部のパースに運ばれそうになったこともある。1954年になって、ヴィクトリア州の図書館が、当初からだれもが適当と思っていたことをした。州立図書館がこの絵を150オーストラリアポンドで購入したのである（ストラットは元々300オーストラリアポンドという値をつけていて、損に

ウィリアム・ストラット、『暗黒の木曜日、1851年、2月6日』、1864年。

134　　Fire

なると思ったが200オーストラリアポンドという値段で売ることに同意していた。ある批評家は、これでは画家は「絵具を挽く助手の賃金より」少ない労賃しか稼げないだろうと言った)。州立図書館の建物が1965年に新しくなり、『暗黒の木曜日』が常設展示になると、この絵は美術史家の関心を呼び、ストラットや当時の批評家がこの作品の制作時から期待していた人気作になった。1988年にはオーストラリア建国200年記念の巡回展示に加えられたが、展示が終了する頃には図書館は改築工事中で、この絵は再びあちこちに移動した。今度はオーストラリア国立美術館、南オーストラリア美術館、ヴィクトリア州美術館、西オーストラリア美術館などに所蔵されたが、ようやく2004年に州立図書館のラトローブ図書館に落ち着いた。この頃までには、猛々しい本物の森林火災が多数発生し、オーストラリア人の生活と政治界で問題になる存在となっていた。『暗黒の木曜日』は護符のような力を身につけていたのだ。

オーストラリアの一流の画家は大火であれ離れた田舎の火災であれ、森林火災を主要なテーマとして作品に取り入れてきた。ストラットの作品に肩を並べる大胆な作品はジョン・ロングス

第 7 章 描かれた火　　135

シドニー・ロング、『森林火災の霊』、1900年、キャンヴァスに油彩。

タッフの『ギプスランド、1898年2月20日、日曜の夜』で、この作品では「赤い火曜日」の森林火災が描かれている。しかし、オーストラリア絵画に特徴的なのは、森林火災がよく描かれる伝統があるということではなく、その場面をモダニズム絵画へ転換したことである。森林火災を20世紀絵画の主要な様式に変身させるのに成功したのは、オーストラリアの画家だけと言ってもよいくらいである。オーストラリア以外では、火災の絵画は大衆美術や民俗芸術以外の前衛芸術や高尚な文化のメディアからは姿を消しているのに、オーストラリアでは森林火災が地上で発生しているのと同じく、本格的な絵画でも描かれ続けているのである。

　20世紀のオーストラリアでは、驚くほど多数の一流の画家が火を描いている。アーサー・ボイド、フレッド・ウィリアムズ、ラッセル・ドライズデール、クリフトン・ピュー、さらにはシドニー・ノーラン。これらの画家の多くは、森林火災や火災の焼失を描いた数点の主要作品を制作した。彼らは従来からある森林火災への思い、オーストラリアという土地に根差してはいるが、言い難く異質なものという両方の感覚を伝えるのに成功している。森林火災は、たき火やお祭りのような単なる風景の彩りではない。森林火災が風景そのものなのだ。火災の炎や焦げ跡は、日ざしの強い土壌や吹き荒れる風が風景を表すのと同じく、森林を表す。他の工業国世界の美術は、火をモダニ

ズム作品の中に留めてはいない。そうはいっても、他の工業国ではこれほど多くの森林火災が自国の土地で起こり、都市の周辺の野辺で発生した火災が時おり首都にまで迫ることはないのだが。

　オーストラリアを除けば、火の美術はなくなったが、これは多くの場合、人々が直接的な衝撃や危機を超えたものに真剣に向き合おうとしないからである。絵画、文学、映画のどれをとっても、荘厳な自然への冒険や自然の災害ときらめきを語りながらも、文化的個性や道徳のドラマを描くことはあまりない。強烈な印象を与えるのは画像ではない。秘められた憧れや恐れ、人々が現実と感じる感覚を生き生きと再現できれば、感動を与えるのだ。
　それでも現代生活では、火のイメージはあふれるほど多くある。ジャーナリズムや政治宣伝ではほとんどが人目を引き興味をそそるために、炎のイメージを使うだろう。火に対する興味が環境保護主義と結びついて再燃する場合もある。写真はいうに及ばずレアリズム絵画も多数あるが、そうした作品はヴィジュアルなおしゃべりのようで、そのあり得ない結果として、燃焼は凡庸さに近い存在になった。ほとんどの人はこうしたイメージを壁面や美術館の展示ではなく、スクリーンやモニターで見る。人の気を引く画像では、炎などまったく見えず、はるか上空のMODISのような地球観測センサーを積んだ軌道衛星から、ホットスポットが感じられるものもある。こうした画像でぼんやり見える地球は火であばたになっていて、虫の食ったセーターのようだ。工業国の大部分の住民にとっては、これが彼らの知っている火である。ヴァーチャルなリアリティが、土地に根差したリアリティに取って代わろうとしているのだ。

第7章　描かれた火　｜　137

第 8 章　賛美された火

　セロ・デ・ラ・エストレージャは、メキシコ盆地の真ん中にそびえている。ここはコロンブスのアメリカ到達以前は島で、テスココ湖とソチミルコ湖の水が合流するところにあった。アステカ族はこの地で52年ごとに、新しい火の儀式を執り行った。1年が260日の暦と365日の暦が一致する特定の日に、昴（プレアデス）を頭上にいただき、宇宙が闇とぶつかり新しい太陽の光に輝こうとする時、新しい火が世界を回復させるのである[1]。

　複雑な手順を踏んだ儀式の場は壮麗だった。周囲の田園では火が消された。鏡のような水をたたえた広い湖、炉と村落と神殿、松明（たいまつ）と野営地、すべての場所で人の灯（とも）す明かりが夜の闇の中に消え、星の輝きだけが見える。世界は、つまり太陽の元にある馴染みのある世界は、先が分からない未来に震えていた。闇と悪霊が忍び寄ってくる。新しく灯した火——人間が最初に知ったとおりの古式にのっとって灯された火——だけが、太陽が戻るように光を放つのだ。

　セロ（丘）の頂上にある祭壇には、4人の神官が待機していた。4人が表すのは四つの元素、四つの前世、13年を4回数える鼓動で、これが新しい火につながる。5番目の神官が、生贄（いけにえ）の鼓動を打つ心臓を切り開く。生贄は絶対に人間でなければならない。神聖な道具で新しい火がともされ、生贄のむき出しになった胸に据えられて新しい命を示した。それから、4人の神官がその新しい火から大きな松明に火を付けた。神官は護衛を従えて坂を下り、4隻の船に乗り込む。船は東西南北の方向に向かって進んで行った。岸に着くと、運んだ火から新たに火を付ける。新しい火にはそれぞれ神官がついて、その後の52年間絶やさ

ないように見守ることになる。火が消えるのは致命的である。この火から炉やかまどや神殿の火、狩猟や農業や漁業の火、神聖なあるいは冒瀆の火など、すべての火が灯される。星は所定の場所を回るだろう。太陽は上るだろう。こうして、この世はもう一度救われたのだ。

　アステカ族の火の式典は、暦と宇宙を結びつける儀式である。実際、この儀式は年の絆と呼ばれた。天と地を、神聖なものと世俗の世界を、分かりやすい形でつなげた。また、観念と実践をつなぐものでもあった。儀式は人々が実在を理解する、心の中にある象徴的な世界と、人々が現実に生活する世界を結びつ

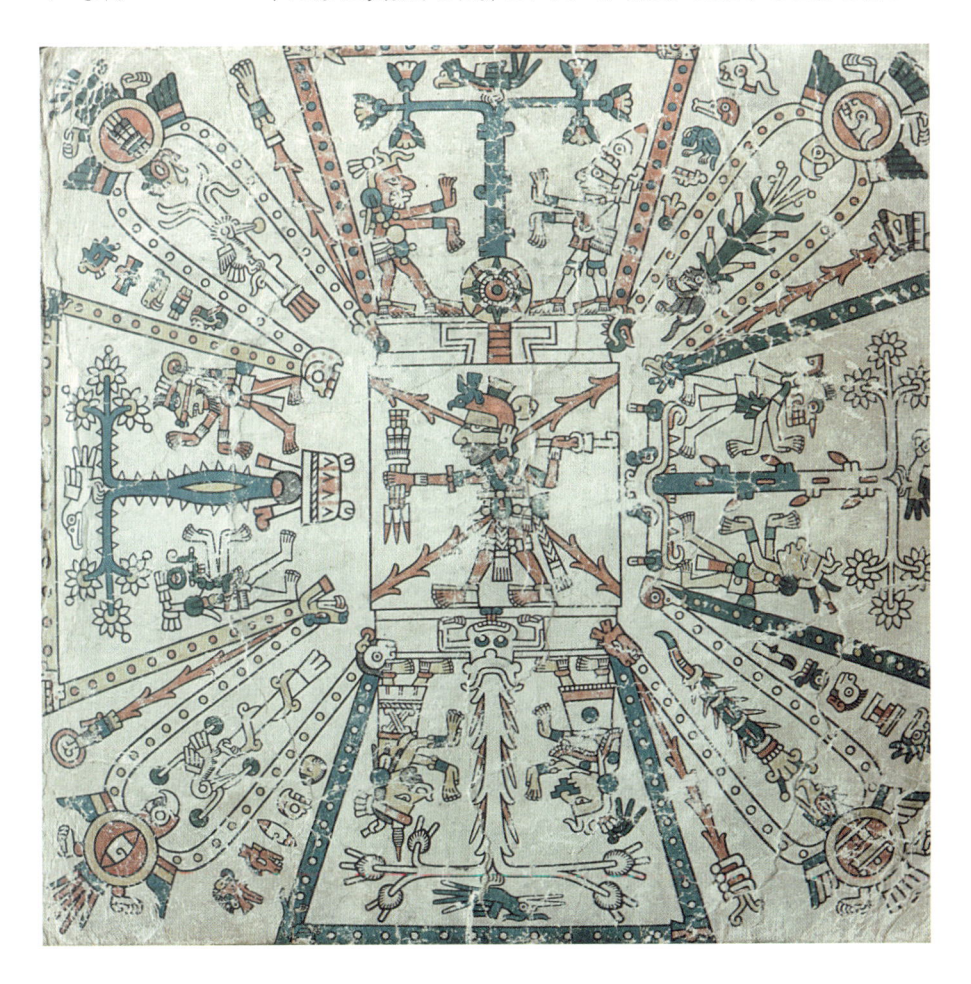

メキシコの火と時の神シウテクトリ。宇宙の中心で世界の四半分を指している。フェイエールヴァーリ・マイヤー写本。

けた。火はふたつの世界が接触する媒体として働いたのである。心の中の火は野原や森にある火と同じく、地球上にある火の一部を占めていた。神話を通して、人々は火の物語を繰り返し語り、儀式を通して、火の役割を形に表して繰り返し演じた。

　火の神話がおもに語るのは人間の起源ではなく、人間のもつ力と独自性の起源である。火は人間が発明したものではなく、自然から採取したもので、自然あるいは自然の一部を体現する支配者は、火を渋々人間に与えた。その神話も細部ではかなり異なるが、大きなまとまりはある。これは火を起こす技術に似ていなくはないから、神話の物語は共通性のある展開を見せる。
　少なくとも、偉大な民俗学者のジェームズ・フレイザー卿はこう考え、著作『火の起原の神話』(1930年)で結論づけた。この本は火にまつわる問題をもっとも包括的にまとめたものであるとともに、これまで書かれた中でもっとも人気のない学術書のひとつに数えられる。フレイザーは非常に多くの事例を集めた結論として、神話に登場する火の起原が雷光だと推定できる(「天からの火」)のは共通しているが、火山から火を採ったものはほとんどないとしている。
　フレイザーによると、火がもたらした最大の恩恵は、食物を調理する機会が与えられたことである。火を獲得するすべての物語は3段階に分けられる。火のない時代、火を利用する時代、火を灯す時代。最初の時代で最大の欠陥は、調理した食料が手に入らなかったことである。これは「熱い食べ物を渇望するのは人間という生物の自然な本能であり、このことは生理学的原因から科学的に検証できるだろう」。2番目の段階を系統立てるテーマは、火を永遠に灯し続けようとする飽くなき要求である。3番目の段階の思いつきは、多少の意図をもって自然から火を抽出する能力である。石に穴をあけて打つのはどこでもある技術だから、疑いもなく人間の発明だと説明できよう。神話には「空想的という特徴」があるが、「おそらく実質的な真実の要素を含んでいるだろう」とフレイザーは考えた[2]。
　神話について原理的な真実を述べるなら、神話は人間がどうやって火を手に入れ、現在のようになったかを、象徴的に再現するものである。ただナチュラリストの目でみれば、多少屈折

してはいるだろうが。非常に多くの神話が、火の力を調理に関連づけているのは、示唆に富んでいる。というのは、文化人類学者クロード・レヴィ＝ストロースが主張したように、生と火を通した食物のちがいは、野生と文化の分岐点になるからだ。火は人間の能力のパラダイム、いわば能力の炉になる。人間は火を通して第一の天性から第二の天性、さらにその次を再構成し、火に象徴的な意味を与えている。調理とは火の技術を使って変容させることであり、神話を物語るのは記号や寓意、形式、象徴をよりどころとする比喩を使って変容させることである。抽象的概念の領域でさえ、火は変容し同時に生成すると考えられている。

　神話自体は際限もなく話が反復していく。あるいは、レヴィ＝ストロースがいうように、あちらでほどいた糸をこちらで結びなおす。しかし、一定のテーマは常に存在していて、そのひとつとして、火は秘蔵されることが多い。火は力を意味しており、人が火を所有すると地上の力関係のバランスがくずれるかもしれない。だから火は簡単には手にはいらないのだ。火は盗まれ、悪意をもって取られる。多様な文化英雄（人間に文化をもたらした英雄）が暴力をふるって手に入れることさえある。西洋文明では、プロメテウスに関する色々な話がよく知られているが、西洋以外では、ずる賢い盗人、鷲、コヨーテ、兎、キツツキ、蜘蛛、ヒキガエルなどが火を盗む。よくある話のクライマックスでは、人は火つまり力を手に入れ、同時に未来を手中に収める。火の獲得に対しては天罰が下ると脅かされ、実際に罰を受ける話もある。ビルマの伝説では、偉大な父は火を与えるのを拒む。火を与えるのはファウストのように魂を売るのに似て、「多くの不幸」をもたらすというのだ。火を盗むという悪事を働いた犯人が罰せられる話は少なくない。しかし一旦火が人に解き放たれると決して取り返されることはなく、例外を除けば消滅もしない。

　もっともよく知られた神話でさえ、火と同じく多様な形がある。ヘシオドスの『神統記』（紀元前700年頃）によると、雲を集めるゼウスは死すべき人間から火を取り上げた。ゼウスはつまりは稲妻の助けを借りて最高位を求め、火を使い稲妻を通して闘っていたのだ。クレタ島ではオリュンポスの神々とティ

タン族が闘い、戦場では炎が燃え広がった。しかし、神々の側についていたティタン族のプロメテウスは、あわれな人間に同情して、天空にあるゼウスの火を盗む。彼は火をウイキョウの茎に移して地上に運んだ。ウイキョウは古代では火縄に使われたし、おそらくシュメールの火の神の象徴である葦(あし)からの連想もあるだろう。この軽率な行為に、ゼウスは火を与えた側と受けた側双方を罰する。ゼウスは火の力をもった人間に対して、パンドラという女を送り、彼女の不注意な好奇心から多くの悪が解き放たれた。噂によると、プロメテウスは自分がゼウスに反逆するという予言があるのを知っていた。ゼウスは怒って残酷になり、反逆児プロメテウスをカフカス山脈の頂上に鎖でつないだ。毎日決まって鷲が現れ、あわれなプロメテウスの肝臓を食べるが、一晩で肝臓は元通りになる。こうしてゼウスの怒りは毎日くすぶり、プロメテウスの反抗心は膨れ上がった（122ページ参照）。ようやく3、4万年経った頃にヘラクレスが現れて鎖を切った。この話に基づいて古代ギリシャの有名な悲劇『縛られたプロメテウス』は書かれ、この反逆児の英雄にロマン派は魅了された。

　プラトンはもう少し哲学的な話を述べている。ソクラテスが対話する『プロタゴラス』の中では、神々がどのようにして死すべき生き物を、土と火の合成物から作ったかが述べられる。人を作ったのは地下の世界で、冶金の神ヘパイストスと芸術の女神アテナが指揮をとった。おおざっぱに作ったところで、神々はプロメテウスと弟のエピメテウスに、きれいに仕上げて地上に連れて来るように命じた。兄弟は名前のとおりの人間だった。プロメテウス（「先に考える男」の意味）は、前もって考えることができる。エピメテウス（「後で考える男」の意味）は、後からしか考えない。創造した動物に必要な力と能力を与える時、エピメテウスは自分がこの仕事を担当しようと言った。愚かなエピメテウスは貴重だが数に限りある能力を、動物が現れるたびに与えた。それで、人間が来た時には与えるものが残っていなかった。仕上げをした生き物を地上に引き渡す日は迫っていて、失敗作の生き物を改造する時間がない。

　けれども、プロメテウスは人間に優しかった。彼はもし人間が火を手に入れてそれを扱う技術を身に着けたら、この先も生

ヤン・コシエール、『プロメテウス』、1637年頃、キャンヴァスに油彩。

き延びるだろうと考える。オリュンポスの火はゼウスの護衛がしっかり守っていて手をつけられない。それで、プロメテウスはヘパイストスの仕事場に忍び込み、炉から火を取った。(ヘパイストス自身と彼の火は天から来た。ゼウスはヘパイストスを天から追放し、その際彼の脚を不自由にした。それで、火は元々雷光であって、鍛冶場の炉ではないといえる)。こうしてプロメテウスは人間のすべての技術を与えたのは自分だと主張することができた。またプラトンは、人間が火を扱う技術をもつという理由で、人間の優位性を説明できたのである[3]。

第 8 章　賛美された火 | 143

こうした神話は、言葉による象徴化だといえよう。これと同様の象徴化は行為の中にもあって、儀式や祭礼の形で表される。生贄を燃やして捧げる煙が地上と天を結ぶように、儀式は思想と行為を結合させるのである。儀式にもさまざまな形があるが、その中には継続するテーマがみられる。

　神聖なるものと世俗のものが溶け合って、永遠の火になる。火は神性や神の顕在を象徴したはずであり、少なくとも、儀式をつなぐ手段としての機能は果たした。シナイ山、エホバの神殿の祭壇、ゾロアスター教の神殿やギリシャの火の神ヘスティアの神殿。こうした所では火が絶えず燃えるように守られ、源が別の火と混ざることは決してない。火を絶やすことや他の火と混ぜることは、神への冒瀆で重大な罪である。「祭壇の火はそこで灯っていなければならない。火を絶やしてはいけない」と旧約聖書のレビ記は唱える。ナダブとアビフが「奇妙な火」を祭壇に捧げると、恐ろしい神の火が現れてふたりを殺す。人々が移住する時には、種火を携えて列に加わった。海外移住者、大臣、軍隊は任地に赴く際に、神聖な火の燃え木を持っていった。イスラエル人もアレクサンドロス大王も、聖なる火を前に掲げて運んだ。ギリシャの植民都市には母国の都市から運んだ火が燃え続け、そこの炉を照らしていた。

　古代の地中海沿岸地方では、ウェスタとウルカヌスがオリュンポスから続く火の神々だった。彼らはそれぞれかまどと炉、つまり家庭と仕事を表し、神聖なものと世俗のものを火の作用で溶け合わせる。彼らに対応する公的な場所が、神殿とプリュタネイオンである。このふたつは元々同じものだったのだが、神殿は宗教の中心であり、プリュタネイオンは公的統一の中心である。実際、このふたつは象徴としても実用的用途としても、同じく源にある炎に関連づけられる（そして炎から現れる）。

　インド・ヨーロッパ語圏では、炉で燃える永遠の火は家族の儀式の中心であり、神殿に灯る火は地域社会の礼拝に使われた。誕生、死、結婚、労役、養子縁組。これらの人をつなぐ儀式は、炉の前か炉の火を移した火の前で行われた。家族は結婚を、国家は条約を、溶け合う火によって確定する。新生児は炉で名前をつけられた。家族の新しい一員は（家畜でさえ）、炉を一周して一家に迎えられた。追放者はこの場に出席できない。火が

クリスチャン・ディートリッヒ、『ティヴォリのウェスタの神殿』、1745年-1750年、キャンヴァスに油彩。激しく流れる水と（円柱のある丸い神殿の中の）飼いならされた火の対比。

第 8 章　賛美された火

消えると地域の公的な火から移され、隣人から火をもらうことはない。家の新しい所有者が炉に火を灯すと、正式の所有者になった。一家の父の権威は家の火によるものであり、王の権威は地域の火によるものだった。家の守り神は炉の神だった。

　火が表す象徴にも、それなりの生態と力関係がある。火を付ける燃料には、樫の木が好まれた。樫はゼウス、ユピテル、北欧のトール、スラヴのペルーンなど空の神々につながる神聖な木だった。というのは、ヨーロッパの温帯性気候や地中海性気候の地域では、もっとも落雷しやすいのは樫の木だからである。樫は森林の樹木の１１％を占めるだけだが、落雷するのは70％が樫である。これに対して、月桂樹にはほとんど落雷しない。だから、月桂冠は英雄や皇帝に贈られるのだろう。こうして、火によって天から地に至る権威の道筋が作られる。父親、王、最高神官という支配者は火の神を表し、人に移された火を監督する。

　炉や神殿またはプリュタネイオンの種火は、すべて永遠の炎を色々な形で表したものである。もっとも有名な形で表れたのが、まずはローマの聖なる火だろう。この火は炉と国家をつないでいた。ここでは政治と社会の慣習と火の表す意味が、真に文化的に結びついて火の三角形を作り、家庭の火が拡大して、国家の規模になっていた。神殿の中では、ウェスタに仕える処女達が火を絶やさないように世話をする。火と火の世話はどちらも、理屈では家父長の指示のもとにあったが、家事のひとつとして娘に任されていた。火の世話に示されるように家事は非常に大きな重荷だったので、両親が亡くなった後も娘がひとり未婚のまま家に残されたのだろう。ウェスタの火はこうした家庭の火の儀式を、国の宗教というレベルに広げたものである。各上流家庭は6歳から10歳の娘をひとり、聖なる火の世話係として差し出した。ウェスタの処女は４人から６人いて、仕える期間は30年に及んだ。それが終わると処女は社会に戻り、純血の誓いは解かれる。一人身というのは、最初はその女性が家庭に留まる保障であったが、後には女性が世話する火の純血を表す象徴になった。不法な性関係や火を絶やすなどの不実があれば厳しく罰せられ、生き埋めにされることさえあった。このように、ウェスタの処女は王の家父長権あるいは最高神官の

支配下におかれていて、つまり、彼らの娘として扱われたが、側室ではない。ウェスタの火は家庭のかまどが拡大して、純化され永遠の存在になったものである。3月1日に、ローマ市民はこの火から新しい家庭の火を灯した。

ウェスタの神殿はローマでもっとも古い神殿で、建物の四面が東西南北と一致しない唯一のものである。この神殿だけは円形で、唯一特定の設置時期が分からず、いつの間にか存在していた。形としては神の住む家であり、単なる神聖な場所というわけではない。ここが火の源であり泉だったのだ。ローマの神殿はウェスタの神殿から起こり、神殿の祭壇に灯る聖なる火もここから取られた。ウェスタの火が消えたら、特定の方法で火を起こさなければならない。ジョルジュ・デュメジルはこう述べている。

> カピトリウムの丘にあるユピテルの神殿、軍神マルスの神官サリイーの盾、ウェスタの家の永遠の火。これら三つの象徴は、年代順に3段階の約束を表し、これらによってローマは生きていた……この中で火はもっとも古いと考えられていた[4]。

かまどに火があるように野辺にも火はあり、両者はそれぞれの象徴性と式典の形をもっていた。この場合もまたヨーロッパが全体を俯瞰（ふかん）していて、その記録も民俗学者のフレイザーの労作によっている。原初の火がすべての源で、そこから他のものが起こったのにも変わりはない。

そうして起こったのが「浄火」であり、イギリスでは時に「野火（のび）」とも呼ばれ、ドイツでは「緊急の火」、スラヴの国々では「生きている火」と呼ばれる。浄火は自然の火をとらえ飼いならしたものである。儀式の根底にある考えは、そこの社会が火を手に入れた原始の行為を再現し、新しく純化した火を使って、社会集団を脅かすものを退けることである。火の儀式は危機が迫っているときに行われたのだ。

浄火を起こす手順は厳密に決まっていたが、場所によるちがいはある。村の最長老が火を起こすこともあれば、新婚の夫婦、あるいは裸体のカップルが起こすこともある。その際は原始的

第 8 章　賛美された火

な技術を使う。通常は棒をこするが、何であれ原初の火の獲得を思わせ再現できれば十分なようだ。浄火から新たに火を付けるために、その時に燃えている火はすべて消される（稲妻頼みの当てにならない火を使う儀式もある）。

　火を再点火する方法は、地方ごとにさまざまな形があるだろう。しかし、儀式の根幹にある考えは、自分達の社会を浄化し豊穣をもたらそうというものである。浄火を使って家庭の炉も再点火し、その恵みを永続させるのが目的だった。式の参列者は浄火をとって、大きなたき火を起こす。その火で魔女の像や畜牛、あるいは猫のように魔女と同一視された動物を燃やすこともある（英語でたき火を意味するbonfireはbone fire（骨の火）から来ている）。それから、家畜に残り火や燃えさしの上を通らせ、煙を吸わせる。もっとも多いのは伝染病にかかっている畜牛が多いが、豚、鵞鳥、馬などもあり、歩く順番は決まっていた。それから、人間も通る。次に松明を掲げて炎と煙を野辺に運び、畑、果樹園、牧草地を巡る。燃えた灰を地面に撒くこともあり、時にはその灰に顔を押し付ける。残り火か火のついた細い枝を家庭に持ち帰って炉に火を付け、火の消えた燃え木は家において、稲妻や野火、魔力に対するお守りにする。

　こうした儀式は、人間が手にした火をどのように考え、周囲の状況と協調するのに利用したかを象徴的に示している。儀式は善を育て、悪をくじく。こうして、この世は住みやすい場所になったのである。

　浄火（need-fire）は名前のとおり、緊急時に備える火である。しかし、火が農場や牧草地でふつうに見られるようになると、火の儀式も農作業の暦に入れられ、季節の変わり目ごとの定期的な儀式は、神聖な典礼に組み込まれた。やがて、こうした本質的には異教の儀式がキリスト教の儀式の形式をとるようになった。

　この中から六つの重要な儀式が生まれた。ふたつは太陽の1年の動きと連動し、ふたつは牧畜の周期に関連し、ふたつは種まきの季節から来ている。冬至と夏至の一組の火は、太陽の最大と最小の満ち欠けと一致している。2番目の組はベルテーン祝祭（5月1日）の火とハロウィーンで、羊の群れが冬と夏の放牧場に移動する季節と一致する。言い換えれば、牧場の管理

者が草やヒースに火を付け、新芽の成長を促す時と連動する。3番目は休閑地や放牧場の作業を始める春の準備時、また休閑地に火を放つ時期と関係する。こうした慣習がキリスト教化されて、四旬節やイースターの火の祭になったのである。

こうした儀式は地方によって多くのちがいはあるが、一定のパターンはみられる。一般に春秋の祭りは、冬夏の祭りより盛大に広く行われる。たとえば厳しい冬の時期には冬至の火は屋内にはいり、クリスマスの大薪(まき)になった。夏至の空を焦がす丘の上の炎は、炉の火を新しくする時に燃やされる。春と夏にはこれに加えて、火の存在を広く知らせる行事があった。松明の火を掲げて行列し、火を付けた輪を丘の頂上から転がし、あるいは燃える円盤を空中に放り上げ、丘の頂上や十字路いっぱいにたき火をたくのである。1682年に、ヘンリー・ピアズ卿はアイルランドの夏至の火について書いている。「よその土地の人は国全体が燃えていると思いたくなるだろう」[5]

象徴的な意味では、まったくそのとおりである。こうした儀式は火のもつ生態上の力をみせるだけでなく、社会の秩序のために必要でもあった。無差別かつ不規則に火を付けるのをずっと許容できる社会はないだろう。儀式にすれば火を付ける時と人間を規定できる。盛大な火の儀式とは、人々がかつて自由に

ヘンリク・シェミラツキ、『イワン・クパーラ(洗礼者聖ヨハネ)の日の前夜』、1880年代頃、キャンヴァスに油彩。イワン・クパーラの祭りは夏至に催される。

行い、それが多くの土地でそのまま残っていた事柄を、神聖な儀式と聖なる暦に封じ込めただけのものではないか。そう信じる理由はいくらでもある。けれども一旦象徴となった火の儀式は、社会の様式として認識されたのだろう。そうすると、火は人々のイメージや神話、象徴と相互に反応して、現実とはかけ離れたものになった。火の儀式は松を燃やして燐(りん)を放出し、表面のゴミにたかったダニを追い出したり、羊や畜牛を煙でいぶしたりするためのものではない。「ふたつの火の間」を通るのは実際に清めの炎の間を歩くことではなく、信仰や徳性を試すことを意味するようになった。

　これらの重要な儀式はキリスト教と同化し、それから世俗に入り込んでいった。ユダヤ人がカナン人の火の宗派やゾロアスター教と闘ったように、今度はキリスト教がインド・ヨーロッパの異教の儀式に闘いを挑んだのだ。そしてユダヤ教が敵対する宗教の要素を取り入れたように、キリスト教も同じく異教の儀式を取り入れた。ろうそくやランプは火を付けて祭壇の火に捧げられ、こうしてキリスト教徒は火の儀式を神聖な典礼に組み込んだ。

　夏至と冬至の火は洗礼者聖ヨハネの祭りとクリスマスになり、春の火は四旬節とイースターに、秋の火は万聖節の前夜祭（ハロウィーン）になった。クリスマスの薪と復活祭のろうそくが、異教のクリスマスの大薪と新しい火に取って代わった。すると、宣教師達は捧げものを燃やすのを非難し、魔女ではなく異教徒を非難した。

　734年に高位聖職者と貴族の教会会議が聖ボニファティウスの指導で開かれ、「迷信と異教のしきたりリスト」の中に浄火を含めて、火の儀式を禁止する。しかし禁止令はおおむね無視され、キリスト教徒は実際には儀式を自分達のイメージどおりに作り直した。司祭も儀式を行うのを見て見ぬふりをした。

　儀式が象徴的な変性を遂げるうちに、浄化した火を付けた木が祭壇の火を再点火するために戻ってきたのである。古来の儀式を消滅させるのは困難で、社会が産業化して地上から自由に燃える火を取り除くまで、儀式は続いた。レディ・ワイルドは19世紀なかばのアイルランドのようすを生き生きと描写して、千年期の終章を書き上げている。

Fire

古代には、夏至の前夜に盛大な祭礼を行って聖なる火を付けました。この夜には周辺に住む人達がホース岬の西の崖をじっと見続けます。そこから火が最初にきらめくのが見えると、点火したと分かります。そうすると、村から村へと歓声が上がり、祝福の言葉が何度も繰り返されます。この地方の火がすべて燃え上がり、丘という丘から飾りひものような炎が立ち上がって、アイルランドを炎の輪で囲みます。どの火の回りでもダンスと歌が始まり、歓呼の声があたりいっぱいに響くと、熱狂した大騒ぎの始まりです。こうした古い習慣の多くがまだ残っていて、その最初のものが聖ヨハネの日の前夜に行われるのです。アイルランド中の丘はどこでも、この夜に火が灯されます。火が小さくなり赤く光るだけになると、若者は上半身をあらわにして、炎の中や上を飛びます。これを前後に何度も繰り返し、一番大きな炎に挑んだ者が、悪の力に勝ったというので歓呼で迎えられるのです。火がもっと小さくなると今度は若い娘の番で、前後に３回うまく飛べると、早く結婚して多くの子宝に恵まれ、幸せな人生を送ると言われています。それから、既婚の女が燃え残りのあいだを歩きます。とうとう火が消えかかって静まると、一年子の畜牛が熱い灰の中を歩かされ、その背中は火のついたハシバミの小枝で焦がされます。この枝は牛を水飲み場に連れて行く世話をするのに効き目があり、後々まで大事に残しておきます。火が消えると歓声は段々と静まり、歌とダンスが始まります。プロのはなし家がおとぎの国の物語や、なつかしい昔話を語ります。アイルランドの王や諸侯が民衆と一緒に住み、祭りに来た人には王家で食事とワインが出された頃の話を。ようやく人々は散らばって、燃え木を家に持ち帰ります。火の付いた小枝は大きな福をもたらすので、折ったり落としたりしないで、大事に家に持って帰らなければなりません。若者のあいだではあちこちで競争が起こります。聖なる火を最初に家に持って入ると、その年に幸運がもたらされるからです[6]。

レディ・ワイルドは火の儀式の起源が、古代のセム人のバール神の時代にまでさかのぼると考えていた。しかし工業化社会になると、こうした屋外での火がもっと現実味のない形に変容したことは否定できないだろう。火がモニターやスクリーン上での体験になるという傾向は、ますます強くなり、抽象的な儀式はさらにヴァーチャルな表現やシミュレーションの中のものになっている。火は自由に浮き上がるが、揺れる炎が大量の燃焼から離れて一瞬のあいだに高く舞い上がると、元々の火の源は分からなくなる。学者たちは火に象徴的意味合いをもたせ、さらに象徴を上乗せする。彼らは燃え上がる炎を追うものの、炎を支える燃料と、火が媒介する生態の世界に炎が根を下ろしていた頃のあり方をみようとはしない。

　今日でもいくつかの火の儀式は残っている。その中では、バレンシア地方の火祭りがもっとも盛大に祝われるが、この祭りは観光行事になったために残っているのだ。夏至（あるいは聖ヨハネの日の前夜）の火はギリシャで祝われ、ロシアではイワン・クパーラの日として残っている。近年では民族意識へのノスタルジーからか、おそらくはヨーロッパでの国家意識崩壊もあるのか、フィンランドでは新たに夏至の火が、スコットランドではベルテーン祝祭の火が祝われている。そして、どちらも

世俗化した火の儀式。ジョセフ・ライト、『サンタンジェロ城の回り花火、ローマ』、1779年。

152　　*Fire*

アボリジニのオーストラリア人聖火ランナー、キャシー・フリーマンが掲げるオリンピックの聖火が聖火台に燃える。2000年シドニー・オリンピック開会式。

観光産業に組み込まれている。けれども、大部分の屋外の火は機械の中での燃焼になるか、法令で禁止されている。市民の安全と大気の清浄度が優先され、祝祭としてのたき火までも消し去るのだろう。秋の落ち葉焚きや春の剪定枝のたき火のような季節ごとの習慣も、炎の潮が引くように姿を消しかかっている。

　バーニング・マンの話は火の儀式の最後を照らし出すものである。このイベントはカリフォルニア州のサンフランシスコで始まった。12 mの高さの木製の人物像「ザ・マン」を立てて、イベントの終了時にそれを燃やそうというのである。4年間はサンフランシスコに近いベーカー・ビーチで燃やしていたが、行政当局が中止するように命じたために、1990年に開催地をネヴァダ州のブラック・ロックに移した。ここは塩分を含んだ燃えにくいプラーヤ（平原）の真ん中にあり、火が非常につきにくい。バーニング・マンは作られた儀式で「火の集会」が中心行事だが、2013年には6万8000人を超える参加者を集めた。しかし、社会秩序を離れて開催すると、昔ながらの知恵を再確認する機会にもなる。火を起こすのはたやすいが、火を消すのは難しいのだ。火をコントロールするのは、大体は人間をコントロールすることである。バーニング・マンは2回準備不足のまま（そして意図的に）火を付けられたのだ[7]。

　バーニング・マンには、シンボルとしての意味合いが確かにある。この儀式には、人間存在は火の存在につながっていると

第 8 章 　賛美された火　　153

いう認識が込められている。火と人間は相互に依存している。人は火をコントロールする前に、自分自身をコントロールしなければならないのだ。

第4部
今日の火

私達がこれまで火と呼んできたのは火ではない。
テオフラストス(紀元前371年頃 - 紀元前287年)、『火について』

156 | *Fire*

第9章　大崩壊

　人間が火を新しい環境に適応させると、それだけ火を多く所有することになる。すると、燃料をますます多く必要とする。命ある世界は、その分多くの燃料を供給しなければならない。人間は炉やかまどにくべる木を多く伐採し、休閑地のサイクルを短くし、火によって改造できる新しい土地を疲弊させる。自然の時間枠で世界が貯蔵するよりも多くを取り出す。人間がこうしたことを止めなければ、大地は衰えるだろう。火を燃やすのは生物を露天掘りするようなものだ。偉大な植物学者カール・リンネが18世紀に観察したように、世界には裕福な両親と貧しい子供がいることになるだろう。人類の力が燃焼のコントロールからもたらされるのなら、別の燃料群を見つけなければ火の力を増強できないのだ。

　人間は燃料の元になるものを、化石バイオマスに見つけた。化石は新しい物のように扱われるが、実は長年地下に埋まっていた過去の地面が最近になって発掘されたのである。ただし、こちらの燃料は雑草や伐採した材木や、森林からかき集めた松葉のように、野辺にばら撒くわけにはいかない。化石は機械仕掛けの室内で燃やす必要があるし、取り出した熱、光、力などのエネルギーは、人間が住む場所に遠回りして届けなければならない。これが大体の仕組みである。燃料は地質学的な過去から取りだされ、現在に燃やされ、排出物は地質学的な未来に放りだされる。泥炭や材木を燃やしても有害な大気汚染は生じるが、新しい燃料を燃やして生じる悪効果は現在と離れた時間と場所に及ぶのである。

　火は地球上に蔓延していて、人類の生活の基本でもある。だから、地球で火を独占する生物種が燃焼方法を変えると、生物

（上）カーリア・アンド・アイヴズ印刷工房、「大西部のプレーリー火災」、1872年頃。罠猟師のエスケープ・ファイアから機関車に閉じ込められた火へ。燃える領域と燃えない領域を分割し、火の地誌と力関係を再構築する。

（下）ジョン・マッコルガン、「ヘラジカの水浴」、2000年。原初の火。ビタールート国有林、モンタナ州。

火の産業的風景。フィリップ・ジェイムズ・ド・ラウザーバーグ、『夜のコールブルックデール』、1801年、キャンヴァスに油彩。

　圏（バイオスフィア）の様相ほぼすべてにその影響が現れる。大気や岩石圏（リソスフェア）への影響はいうまでもない。こう考えると、人類は行動科学者がいうニッチ（生物が占める位置）構造の通常の力学を超えて進化し、地球規模の地質学的勢力になった。この時代は特定の地質学上の年代と考えられるというので、アントロポセン（人類の時代）と呼ばれている。さらに、第二次世界大戦後の時代を第2段階と考える人もいて、こちらは大加速の時代と呼ばれている。

　アントロポセンの始まりは、おおよそ産業化の時代と重なる。火の歴史を総体的に考えると、「産業化」とともに人類は使用する燃料を地表のバイオマスから化石バイオマスに転換したといえよう。それとともに、人類は地上の火を応用し抑える方法も転換した。都合のよいことに、この考え方は産業革命という広範な文化の概念と一致する。産業革命はウィリアム・ブレイクの言う「黒い悪魔的な工場」が石炭を燃やして出る煤を吐き出す、と長らく思われていた時代である。地球温暖化、人口爆発、現在の地球が抱える環境汚染、生物の大量絶滅の始まり。アントロポセンがはらむこうした環境の調整不良は、実際、産業化

158　　*Fire*

時代の火という比較的単純な指標に合致する。更新世が200万年、中生代が2億年以上かけて成し遂げたことを、人間は産業革命以来の200年間で行ったようなものだ。アントロポセンは人類が改変する火の時代なのである。

燃焼転移

　産業革命は政治革命と同時期に起こり、地球上の火にまつわる力関係を根本的に変えた。化石燃料は季節にも場所にも生物相にも束縛されず、ほぼ何物にも縛られない可燃物の原料のように思われた。人間は火を自由に燃やせる。冬と夏、昼と夜、干ばつや洪水、砂漠、ツンドラ、熱帯雨林、北方森林地帯、温帯の草原といった条件によって、火の燃え方と効果は何億年ものあいだ決まってきた。ところが、エンジンやかまどで燃焼し密かに配送されるエネルギーは、こうした外的条件に影響されず、火は生態学的な基礎的状況と切り離された。人類の火の力はさらに拡散し、特化し、力をもち、チェックされなくなった。

　その理由は、新しい燃料が屋外で公然と燃やされないからである。燃料は特別製の室内で燃やされる。そうしてできたエネルギーは機械を使い電気配線を使って、間接的に届けられる。あるいは、従来の生物地球化学的循環［動植物と無生物の間での地球規模にわたる化学的相互作用］の外側で動かす化学物質を作るのに用いられる。つまり、機械的な生産者と消費者という人工的な生態系に、エネルギーを供給するのである。ここで認識すべき重要なことがある。人類が手に入れた力は、自然界の秩序の外で応用するというだけでは済まない。つまり、生態系が適応しなければならない生物的な革新というだけのことではないのだ。この力は、人類が地球に現れて以来ずっと実施してきたプロセスをも置き換えるのである。

　産業的な燃焼は、単に新しい火というだけではない。これまでは人類が介在する火が人と地球との共生関係を調整していたのが、産業的な燃焼はこの関係を否応なく再構築するのである。この影響はあらゆる人間の居住地で噴出し、それから居住地を超えて、人類の新しい燃焼法が浸透する結果の及ぶあらゆる場所にも現れた。石炭を燃やす発電機で作った電気は発生源から何百キロも運ばれ、温室効果ガスは大気に放出される。新しい

火の生態が生まれたのである。ここでは、火の効果について従来いわれてきた事はほとんど通用しない。

　こうした変化は生物学的あるいは地質学的な時間枠では一瞬とはいえ、産業革命以来200年間進行中で、天文学でのバウショックや工学での跳水(ひってき)に匹敵するような、火の分野での衝撃と急激な転換をもたらした。産業化の途上にある社会では、ただちに地上の火を再構築し、人間が居住するようになった土地では、新しい火が古い火に置き換わった。家庭や工場から、都市から、それから野辺と森林から、炎とバイオ燃料の燃焼は姿を消した。軽度に利用する土地と公園や保護林のような自然保護地域では、その後もいくらかは残っていたが、保護区などを管理する社会は人為的か自然発生的かを問わず、屋外の火を禁止したのである。

　この改変は産業化に伴う有名な人口転移にならって、燃焼転移とでも呼ぶのが適当かもしれない。どちらの場合も古い伝統が残る一方で新しい慣習が生まれると、直接的な結果として数量が爆発的に増加した——ひとつは人口の増加であり、今ひとつは火の増加だが。それから、何十年か経つうちに、新しいものが古いものに置き換わっていった。これは確かに火の歴史を彩る特徴とでもいえよう。燃焼転移が及ぼす衝撃は、多くが悪質で乱雑な燃焼の過剰に始まり、屋外の火の除去に終わるから、燃焼数は回復不能なぐらいに減少してしまった。このように、初期の産業化社会は破壊的な大火の波を浴び、産業化を終えた社会は火が突然除去されて生物相に影響したために、火の欠乏を経験するのである。

産業的な火災レジーム

　燃焼転移には2段階あり、1番目の段階で技術的に転換し、2番目では徹底的に火を抑制しようとする。最初の段階は産業化が成熟する時代に起こって、経済効率と法的必要性の論理に従って進展した。2番目になると、消火活動が精密化する度合いにも影響される。産業化時代の火災消火は、消防車やポンプ、電動の伝達システムなど、産業的な火の装置を必要とするだろう。その結果、徹底的に異なった火災レジームに彩られた、モザイク状に変化した景観が出現した。

ポンプジャックとバイソンというふたつの燃焼、新しいパッチ・バーンの版図。トールグラスプレーリー保護区、オクラホマ州。

　簡単にいえば、新しい燃焼が古い燃焼を押し出したのである。電気がろうそくに、ガスストーブが木の燃え草に、ディーゼルを大量消費するトラクターが燕麦を食べて燃料にする牛と交代したのだ。野外の火が森を再構築する代わりに、チェーンソーとウッドチッパーを利用する。あるいは、火を燃やして土壌、大気、川の流れに栄養分を放出するのではなく、化石燃料を使った工場が化石バイオマスを分解して生産した窒素、燐などの肥料を、トラックが遠隔地に運び、トラクターで散布する。煙と熱で一時的に土地を燻蒸消毒するか時と場所を選んで火を付けて耕すのでなく、人工的な殺虫剤と除草剤を撒き、トラクターで引いた砕土機で土地を乱切りにする。ブルーベリー畑はトラクターが引くプロパンジェット・バーナーで「燃やされる」。煙の出ないエチレンガスが開花を刺激する。自由な燃焼はなくなり、閉鎖室内での燃焼が取って代わる。化石の休閑地が、命ある休閑地の代わりになるのだ。
　屋外で火が起こると、内燃式燃焼の道具がただちに消してしまう。これまでは火をコントロールする最良の方法は、燃えないように土地を耕して作り変えるか、難燃性の植物を植えて防火壁を作ることだった。あるいはその土地は燃える前に意図的に燃やされた。前もって燃焼するのが野火を防ぐ野焼きの代わ

『ファイアプレイス：ザ・ムーヴィー』、2003年。ヴァーチャルな火災。テレビで火災のヴィデオを見せることによりテレビが電気の炉であるという比喩が完結される。

りにもなり、地上で火を燃やし続けるというメリットもある。しかし社会が産業化すると、人々は徐々に炎を我慢できなくなり、ただちに積極的に火を抑制しようとする。当然ながら内燃式の機械などの産業化での考案物に頼り、ポンプで水や化学消火剤を撒き、または飛行機で投下する。さらに、車両を使って消防士を運んで火事現場に横付けするが、そこでは電気道具を操作するにちがいない。前もって燃焼し、山火事には向かい火を放つ機会は減り、燃焼する地域が減少していく。人が作り上げた土地では、自由に燃える火は消えるばかりである。原野の火災は下火になるだろうが、おもしろいことに、コスト意識や消防士の安全性や生態的健全性などを考慮して、結局は社会の考えが逆方向に向くかもしれない。

　産業的な火はどういう原則に基づいて構成されるのだろうか。どの原則も似かよっているようには思える。石化した材木［珪化木］ではリジンがシリカに置き換わるように、内燃式の燃焼が屋外の燃焼と交換していくのだから。産業的な燃焼の世界も、それ以前の燃焼にあった火の線と火の野原を保持している。内燃の燃焼は道路（または飛行経路）という基盤（マトリックス）の上で動き、工場や発電所など作られた景観の一定の区画内（パッチ）で起こる（55ページ参照）。これが産業的な生

態に向けて、栄養物や生物種を運搬し統合するエネルギーの経路である。この経路を通って第一次生産者と消費者は結びついているから、たとえば、ポンプを使って灌漑用の水を運び、製造した肥料と燻煙剤を散布する。この経路のおかげで、人間はトップダウン式に生態を操る存在でいられる。燃焼の源を絶てば、このシステムは崩壊するだろう。

　産業化する以前の土地はほとんどが農業地に利用されていた。ということは、人が介在する火を農業や牧畜に利用してそうした土地は形作られていたのである。けれども、燃焼転移はそうした環境を改変してしまった。農民は休閑して役畜に与える草を生やす必要はなく、畑に肥料を入れ、あるいは害になる雑草や虫を殺す必要もない。ただガソリンやディーゼルを燃料にするトラクターや刈り取り機や耕運機を動かせばよい。または窒素肥料を畑にふんだんに撒き、トラクターやポンプや飛行機を当たり前に使って、意のままに除草剤も殺虫剤も噴射できる。こうした化学薬品はほとんどが産業的燃焼のプロセスを通して、化石バイオマスから取り出されている。Ｈ・Ｔ・オドゥムの有名な言葉のように、今日のじゃがいもはある程度石油でできているのだ。さらにいえば、どの作物を（いつ）栽培するかは輸送の事情に左右されるが、輸送にはますます多くの石油を使用している。農業生産の経済事情全体が、屋外での炎から内燃式燃焼に変形し、生きている休閑地から化石の休閑地に変形したのである。

　こうしたことは、目に見える第一次の結果にすぎない。実際には新しい燃焼は崖を超える岩のように動き出して、なだれを打って第二次、第三次の影響を引き起こした。生態系サービス［生態系にある人類の利益になる機能］は縮小した。生物多様性のような生態のもつ財産はフェンスの囲い、公益用地、公園などのために後退する。こうした変化を浮き彫りにするものとして、役畜を考えてみよう。役畜は炎と同じく、ほとんどが式典用の飾り物になってしまった。たとえば、バドワイザービールのワゴンを引くクライズデール種の馬は、祝典で燃やすたき火の生き物版でしかない。

　燃焼転移の後でも、多様な火がモザイク状に混在している。とはいえ、目に見える存在ではなくなっていることが多い。現

機械化された火、アメリカ独立百周年のコーリスエンジン、『百周年記念博覧会図版、1876年』から(ニューヨーク、1877年)。ヘンリー・アダムズは後にパリ万国博で別の型を見て内省的な文章を書き、発動機の現代社会での力と中世での聖母マリアの力を比較した。

代の建物は火の脅威に対応した形になっているが、めったに火に見舞われることがない。それと同様に、現在の地上の景観は人が介在する火を応用してできたものだが、炎として現れる燃焼はほとんど見られない。燃焼は石油燃料へ向かい電気に特化して、内燃で見えない形で起こる。もちろん、現代のエネルギーがすべて火から取り出されはしないし、すべての生物分解が燃焼に依って起こるわけでもない。しかし大部分は火に依存している。また、エネルギーと商品の流れを司る現代のほぼすべての輸送網では、化石バイオマスを燃やしている。産業的な火の生態には特有のあり方があり、モザイク状の混合状態になっている。ただ、それを公然とは見せない。

　ここにひとつ、大きな例外がある。工業社会が作りたがる自然保護区である。ある意味では、自然保護区は現代の経済制度での休閑地で、古い時代の休閑地と同じく大部分の生物多様性が残っている場所である。そうした場所のすべてが本来燃えやすいわけではないが、そこが燃えるなら、燃える必然性があるのだ。さらにいえば、こうした保護区のすべてが自然のままではない。多くの保護区は文化的な景観で、こうした場所では人類が介在する火が重要な触媒になる。いずれにせよ、火を取り除くことは生態的破壊につながり、破滅的でさえある。火が長

164　　*Fire*

アメリカ地質調査所作成の国内での大規模火災のマップ、1980年-2005年。公有地の場所とほぼ一致する。

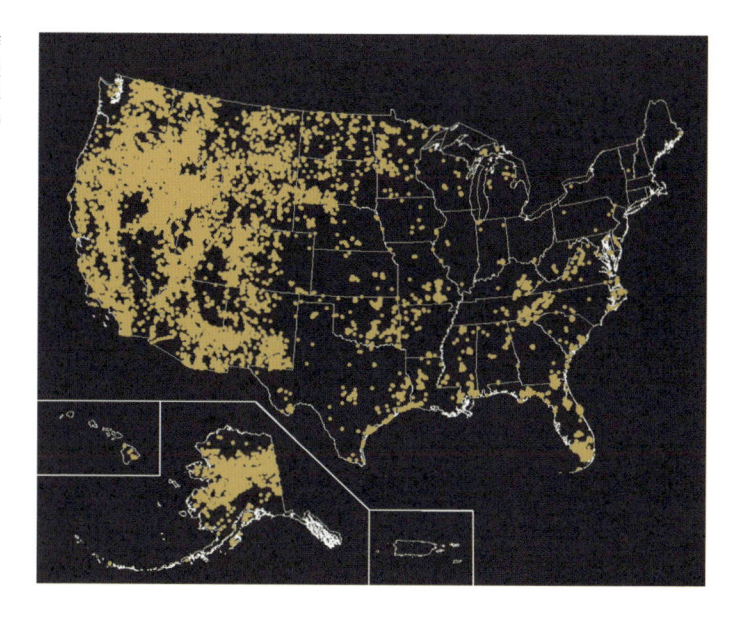

年そこに存在するのなら、その場所の生態的健全性を保つためには存在させる必要があるだろう。逆説的だが、工業化途上の社会が屋外の火を全面的に排除する場合でも、自然保護区では火を残すか復興させるべきだろう。

　ここまではたやすく理解できる。ところが問題は、燃焼転移が現代社会に入り込む意味合いは大きく、地球規模の変化を大きく促進するにも関わらず、この問題は系統立てて研究されていないのである。特定の社会がこの転移をどう扱うかは、そこの環境、歴史、文化の特異性によって異なるだろう。たとえば熱帯地方で内陸地域と都市がつながると、森を牧草地に転換するために土地を燃やすかもしれないし、燃焼転移はこの動きを刺激するだろう。けれども乾燥した土地で同じように燃やせば、結果として過度に放牧して草が減少するかもしれない。そうすると良質の燃料が地面から剝ぎ取られ、火は勢いよく燃えなくなる。植民地の火災管理の伝統がある国は、植民地時代の考えと制度を持ち続け、これが現在の火災管理に影響するかもしれない。そうした国は大体が森林保護区と、保護区管理のための林野局をもっている。また火災研究を後援することが多いが、この研究主題は、かつての帝国諸国以外にはあまりみられない。

第　9　章　　　大　崩　壊　　　165

もちろん、文化的なちがいもある。たとえばカナダ人とアメリカ人は多くの共通点をもつが、原野火災については異なる方策をとる。このちがいは、両者の政治機構や国家意識のちがいに起因するのだ。
　こうした考察は、火の生態とかけ離れているように思えるかもしれない。しかし、燃焼転移は過去とは異なる原理で動く生態を生むのである。これまでは、人間は自然環境と相互に作用する必要があった。つまり、互いに阻止することも拡大させることもできた野生の火は、人間のすることとはまったくかけ離れた、独自のリアリティをもっていた。家畜の羊がいなければ山羊が繁殖するのと同じで、人間がいなくても火は勝手に再調整し、とにかく燃えることができた。けれども産業的な火は、人間がいないと存在できず、燃焼は起こらないのである。産業的な火は人工的な生物種に似て、野生と同じ化学作用で動いているが、研究室用に育てられている。化石燃料の燃焼を利用し、自然の火を飼いならす段階を超えて、人間は第一原理から離れた新しい火の品種を創出しはじめた。そうした火は、人間を介さないと存在できない。だから、人間の世界観や社会制度を使っての人間社会の統合の仕方は、火の地上でのありように大きな影響を与えるだろう。

啓蒙主義と帝国
　これまで述べた以外には、とくにふたつの事柄が過去250年間、人間と火の関係を形成するのに影響してきた。ひとつはヨーロッパの近代学問で基礎的原理が新しく出てきたこと。もうひとつはヨーロッパの拡張主義の復興である。両者が複合的に作用して、世界での火の理解と利用、火の概念の普及に影響力を及ぼしたのである。
　科学は自然の謎を解く新しい方法を示した。発見を支える新しい論理、実験と論証——つまり数学——これらが融合すると、自然という書物をよく読める方法が生まれた。こうして、古代からの秘伝の書は背後に捨て去られ、理性が天啓に挑むこととなった。科学はスコラ哲学や聖典には不可能な事ができた。暗闇を照らして無知と迷信を一掃しようというのである。17世紀末になると、自然を研究する方法は、書斎から出て文化の隅々

まで広がっていった。当時の思潮は、それ以前と区別して啓蒙主義と呼ばれる。気がつくと、色々な学問領域が自爆しては再生していた。近年のビジネス社会がデジタル革命とインターネットの嵐の元に、アンバンドリングと再編成をするのに似ていなくもない。

　このことが火に及ぼすインパクトは、おおよそふたつに分類できる。ひとつは、科学が徐々に工業技術とつながったこと。言い換えれば、機械的な細かい修理をして、新しい火の装置の革新と改良がスピードアップしたことである。大きな発明、とくに蒸気機関自体は、ガリレオの重力と惑星の「力学」に関する研究や、ニュートンの『プリンキピア』（1687年）から生まれたのではない。研究室から直接出てきたのではなく、先立つ発明に伴う付加的な進歩から生まれたのである。科学上の画期的な業績は自然哲学と同じく熱心に応用的な理論づけを行った結果もたらされるが、それ以外には自然哲学と共通点がないのは周知のことである。火の問題についての最初の科学的業績には、たとえばサディ・カルノーの既存の蒸気機関についての考察がある。科学者は新たな理論体系に基づいて考えるために、川や彗星と同じく発明品も研究した。しかし、急速に成熟した科学は、やがて細密で迅速な修理を可能にした。古代の槍に据えた槍発射器のように、科学は知性のてこに力を加えたのである。

　2番目のインパクトは従来の知識に対する挑戦である。科学的方法から導かれたもの以外には裏付けがなく、そのために劣った種類の知識とされた。どれほど不完全であっても、科学的な研究が他のどの種類の研究にも勝ると思われ、科学以外はおおぴらに軽蔑されなくても疑わしいとされた。栽培学者は、燃焼に頼る農業や牧畜は何であれ、本来的に「原始的」だとして退けた。啓蒙的な農業革命では、火に代わるものを促進しなければならないと考えられた。

　その結果として、何万年にも及ぶ火と火の利用法に関する実用的な知恵が、捨て去られてしまった。新しい思考方法は知力の酸のように作用し、昔ながらの知恵袋を溶かしたのである。社会は教育あるエリートと作業者に分裂した。エリートは火に対して懐疑的であり、作業者は火の利用に固執する。新しい知

識は作られた環境と機械的な集団では勢いがあったが、野辺や森林ではどうしようもなく不適合だった。

　温帯ヨーロッパは、地球上でもっとも火事とは縁遠い場所である。だから、啓蒙主義とその特異的な恐火症が温帯ヨーロッパに留まっていれば、これらすべては問題にならなかったはずだ。だが、残念ながらそうではない。アントロポセン（158ページ参照）はヨーロッパの拡張主義が復興する時期、一般的に古典的帝国主義の時代といわれる頃と時を同じくする。貿易、入植（または科学）の帝国諸国は産業的な火や火災科学、火の地上でのあり方を支配する制度をばらまく力になった。

　その仕事を担った、というよりは進んで行ったのは森林監督官である。ほとんどの火は農業と関連する分野にあるが、彼らは林学がこの仕事に最適で火の工業技術集団だと主張し、林学の価値観を重んじた。林学は学問的には植林学に根差していて、当時すでに科学的権威をもっていた。林学組織はギルドのようになり、集団としての意識をもち、内部の団結は固く、特定の国家や帝国の境界を超えた知的な学問領域をもっていた。森林監督官は森林保護区を管理し、国家主導の自然保護の中心的存在だった。やがて彼らは政治的権力をもつようになり、それに伴って、火の研究の指針と実践の指針全体に知的な規制を加えるようになった。

アルバート・ピアスタット、『ホワイト山脈、ニューハンプシャー』、1865年頃、紙に油彩。急速に入植したために、アメリカ北東部のような自然火災が起こりにくい地域でも、激しい火事がおきた。火災の制御が、入植地を統制し森の消耗を縮小する有効な方法だった。

こうした傾向は、異例の世界的な規模で起こった事業に集中的に表れた。主に英国、フランス、オランダの植民地と、アメリカ合衆国、オーストラリア、カナダのような入植地社会とやや複雑な状況の南アフリカで、大規模な公有林と公有公園が設営されたのである。各地の森林監督官は一様に火を恐れて嫌い、できるだけ火を排除しようとした。古いことわざを借りれば、森林監督官を一皮むけば、消防士であることが分かるだろう。実際、バーンハード・ファーノウのような林学の権威の多くは、防火を林学の研究領域とは認めなかった。むしろ、防火は林学という学問の前提条件だった。大地が炎から守られなければ、林学は期待される成果を成し遂げられないと思われた。
　ファーノウ自身が、帝国に従った林学の完璧な見本である。ファーノウはプロイセンで国家の森林監督官としての訓練を受けたが、アメリカ人女性と結婚してアメリカに移住し、この国で最初の専門的森林監督官になった。彼は1886年から1898年まで、林野局という農務省内での小さな部局を統括していた。ここでは、アメリカが1891年から設置を始めた森林保護区の管理について、中央政府に助言もしていた。その後アメリカ初の林学部をコーネル大学に作ったが、論議を呼んで閉鎖された。彼はこれにめげずに北方のトロント大学に移る。ここでも国立の林学部を作って森林保護プロジェクトに参加し、ノヴァスコシアからカナディアン・ロッキーにいたる地域で任務につく森林監督官に、助言を与えた。彼は故国で受けた教育をそのまま守り通した。プロイセンの統制された松林で学んだ火への概念を、斧を荷車に乗せるようにして世界中に持ち運んだ。ファーノウはアメリカの火の現状には憤慨し軽蔑するばかりだった。まず火が制御されなければ、意味あることは何も起こらないのである。
　これが、ファーノウとその周辺の森林監督官の取った典型的な態度である。特定の状況のもとでは形式的な指針を採用したが、伝統的な火の利用を非難するのが常で、可能なかぎりどこでも火を排除しようとした。もっとも重要な実験例が、19世紀後半に英領インドで起こる。ここで失敗したのは、あまりにも広大で作業人員が不足したからではなく、基本的な考えが誤っていたからである。当時は工業技術が発展した時代で、川

第　9　章　　　大　崩　壊　　　　169

(上) ヨセミテ国立公園のマリポサグローブ（セコイアの大木の森)、1890年。
(下) 1960年のマリポサグローブ。火災を制御したために樹木が繁茂しすぎて、セコイアの木がほとんど見えない。こうした状況はすべて大惨事になる火事の危険をはらんでいる。

を堰き止めて流れを正し、分水界の状況を改善することで捕食動物を消滅させて、獲物になる動物を増やすのを目指した。ここには火が生態に有益な役割を果たすとか、逆に火を排除すると生物相全体を乱すという考えがほとんどない。防火は多くの社会階級に浸透し、世界的な進歩的見解に組み込まれていた。ラドヤード・キプリングは『ジャングルブック』を書いてモーグリ少年の成長物語を描いた。モーグリはインド森林省の森林

警備員になるが、主な仕事はジャングル火災を防ぐことである。

　何十年か経つうちに、火を排除した結果の有害な影響が明らかになり、原野では生態系の健全性が失われる事態を招いた。ここでは、野生の火が飼いならされた火に置き換わり、火災発生例はさらに激烈な結果をもたらす。

　1960年代になると、アメリカの公有地を監督する部局は政策を見直し、火を回復させることにした。興味深いのは、こうした流れが出てきたのが、脱植民地化の波の中で、国が管理する森林が世界的に大幅縮小する時期と重なっていることである。国立公園や野生動物保護区のような部局は、公有地の管理に関しては林学に異議を唱えた。生態学や野生生物学のような学問は、林学の科学的根拠に疑問を投げかける。文化的価値観からは、生態系サービスが林学の促進する粗雑な産物と交代するべきだと主張される。

　自然状況を保全する場所では、自然火などを再発生させるべきだという考えが、一般に広まった。大部分の荒野と公園用地の管理者は、火の存在ではなく火の制御が問題だと考える。自然発火した火災は、有害だと分かるまでは無害だとみなされるのだ。多くの点で、商業的林地以外では、景観管理の権威としての林学は信用を失った。林学は仕方なく特権的地位を明け渡

セコイアの林に火事を呼び戻す。

第　9　章　　大　崩　壊　　　171

したのである。

大分割——火は燃え上がり、火は死に、火は復活した
　燃焼転移は火の現代史での分岐点である。火は地球に欠くことのできない存在で、歴史を決定づける物として、この惑星をふたつの領域に分割する。一方には昼が、他方には夜があり、あいだにはぼんやり移動する境界部がみえる。
　　　　見上げれば炎が輝いている。人間の周囲の炉に、ストーブに、ろうそくに炎が見えた。野辺に、放牧地に、森にも季節ごとに炎が見えた。人々はたき火の回りで式典を催し、祭壇の上にイコンの下に火を灯して、礼拝した。戦場は都市のように燃え、都市は森林のように燃え、森林は野火で燃えた。人間は火を神の顕現とみなし、あるいは自然哲学の根本原理と考えた。
　その背後で、火は弱々しくなっていった。火は包括的な技術ではなくなり、人の居住地に寄り添う存在ではなくなった。徹底的に制御されて姿を消した火もある。多くの場合、現代社会は技術的な代替物を使うにつれて、火を吹き消してきた。屋外の炎は排斥されて徐々に制限され、望ましくないと思われる火は抑え込まれた。内燃式燃焼、電気、ガス炉、種々の発動機と発電機が、以前は屋外の火だけに可能だった事をするようになった。
　そして、火の副作用とは異なり火の副産物は、おおむね目に見えないか、または未来に先送りされる。火で照らされていた世界は暗くなり、人工照明とヴァーチャルな炎が代わって登場した。自然史博物館で展示するように、火は特別な場所では燃やされた。実際、火は保存されてはいたが、これは密閉した部屋で温度と湿度を管理し、過去から掘り出した羊皮紙文書を保存するのに似ている。
　けれども燃焼転移によって、ふたつの領域は優しく荒々しく混ざり合い、心の目をそちらに向けるように要求している。ここにある火は非常に荒々しく仰々しい。残酷でテレビ向き、押し付けがましく常軌(じょうき)を逸している。火は現代社会でも燃えているが、産業的燃焼の中か、開発したそのままのフロンティア、そうでなければ放棄した土地でざわめいているだけである。工業社会は、郊外の外のフロンティアを以前は田舎だった所まで、

火事の境界面の衛星画像。燃えた公有地と市街地。ロスパドレス国有林とサンタ・バーバラ、カリフォルニア州。ジェスシタ火災、2009年5月13日。

さらに保護区の原野にまで、広げようとしている。こうした全体像からは、自由に燃える火が制御の手綱をすり抜け、いたる所で脅威になったという幻影が生じる。しかし、地球上での火の壮大な物語は、実は火の後退と内燃式燃焼による置換の歴史である。世界が燃えると、火を排除する動きが作用して暗闇が炎を消し去る。それでも、先進国では一般に火に親しまなくなっただけに、大きな火災が戻ってくると、強烈な脅威と映るのである。

第10章　メガファイア

　産業的な燃焼は火のようには見えない。機械の中に隠され、タンクやボンベに入った燃料がポンプを伝ってホースから供給され、こちらも精製された酸素は管を通って燃焼室に送り込まれて、燃焼自体が特製の場所で起こる。煙から抽出された廃棄物もパイプを通して除去され、実際の燃焼地点から離れた場所にある煙突を通って放出される——これらすべては技術的に処理された火であり、文化的な火の第二の天性である。炎が統合するものを産業的燃焼は縮小し、洗練させ、再結合させる。その結果生じた火は、大地に固有という意味での火にはほとんど無関係だと思える。実際、ここで発生する火はふつう、まったく目に見えない。

　しかし、燃えるプロセスが火のように見えなくても、燃えた結果は同じように見える。産業で用いられる燃焼は化石燃料を火力に変化させ、自由に燃える火が統合する状況を作り直した。この燃焼から生じる気体の放出は気候を乱し、地球温暖化を促進している。火を使ったエンジンのおかげで、輸送形態が変わり市場も大々的に再構築され、そのため土地の使用法にも変化が生じる。たとえば、以前は侵入不可能だった雨林地帯が開発されて、別の目的に使用されたり、別の場所、たとえば長らく人が住んでいた農場などは、価値が低くなり放棄されるかもしれない。その後に火災が発生する。しかし、別の場所は都会人の目には自然が残る貴重な場所と映り、特殊な保護区になるかもしれない。これに伴って、火の形態も変化するだろう。機械装置を使う防火活動は強力だが、消防車などがうまく作動しなければ、火の制御はできなくなる。

　国が燃焼転移の時代にはいると、無差別の、多くは悪質な火

火が地表から林冠に移り、樹木は松明のように燃える。この強度を何倍にもして何千ヘクタールかに拡大すれば、お決まりのメガファイアになる。

災に見舞われるが、転移が完了すると、今度は炎が沈静化し、住民の目には消滅したようにみえる。火災は農奴制や天然痘と同じく、煙った過去に穏やかに移行したと思われる。しかし、本来燃えやすい土地であったり、気候が変動したり、外来植物や人の移動で燃えやすくなれば、新たに脆弱になった場所に、火は戻ってくるのだ。自由に燃える火と同じく、こうした地球規模でのプロセスは一様ではない。ありふれた存在だった炎は、機械の中に隔離されるか徹底的に除去されたと見えた土地にもう一度火がついている。根絶したと思った古代の疫病のように、火はよみがえったのである。地球はメガファイアの時代にはいったのだ。

「メガファイア」というのは、小規模な原野火災を表すのにアメリカで考え出された言葉だが、21世紀初頭に非常に大きな火災にも使われるようになった。この言葉は世界の大規模火災を表すようになった。現在の地球には屋外の火が少なく、ほとんどが機械内の火だけになったように思える。メガファイアはそうした風潮の暗い分身といえるだろう。地球が燃える現代の状況の例として、次にいくつかのメガファイアを考えてみよう。

新しい土地を作る

　まず新しい土地から始めよ。古くからの風習が、きわめて強力に復活した。社会は「野生の」つまり存続最低限レベルの土地を、現代経済に合致するように変化させている。これが今日もっとも強烈に表れたのが熱帯地方で、とくにアマゾン川流域とボルネオに顕著な例が見られる。その他の例として、第二次世界大戦以降には、ソヴィエト連邦の「処女地」計画、オーストラリアの北部熱帯地方開発の決定、カナダの北方内陸部とくにノースウェスト・テリトリーズの経済的植民地化、アメリカの当時新しい州だったアラスカへの産業的入植などがある。注意すべきなのは、これらの地域がすべて、広大な国の比較的開発が進んでいない地区であり、各国は準州地域の近代化を決定したということだ。

　こうしたフロンティアが生まれた背後には、北米と南洋州に茫漠とした入植地があったという歴史的背景がある。そのまた背後には、ヨーロッパ、中国、インドその他の古い文明地域を、中世とそれ以前に植民地にしたという歴史がある。その後の移住者はこうした土地のありようを見落としたか、対処しかねていたのだ。

　現代社会は新しい土地を創出しようとしているが、ここで特徴的だと思えるのは、こうした傾向が産業化と関連して起こっていること、土地が急激に出現していること、以前なら全面的変化と無縁だった地域にまでこの傾向が及んでいることなどが挙げられる。化石燃料を燃やす輸送がもたらした輸出市場がなければ、住民が突然移動し亜大陸規模の雨林を市場価値のある土地に変換しようとは、だれも考えないだろう。アマゾン川流域の研究からこれまで一貫して指摘されてきたところでは、ポルトガル征服以前のアマゾンには相当数の人が住み、この場所を高度な農業地に作り上げていたという。その後にあった焼畑や狩猟採集社会は、かつて繁栄していた社会の惨めな残存物だ。ところが、病気や奴隷制のために人口が激減すると、そうした土地は雨林に戻った。現代社会はこうした過去のプロセスを、再スタートさせたのだ。

　土地を変換しようとする風潮の背後にある理由は、いくつか考えられる。ひとつは経済である。森林を露天掘りのようにし

て破壊すれば、肉、大豆、パーム油の市場があってもその土地を実質的には支えられない。

　今ひとつの理由は社会である。国は人口過密とみなす地域から、過疎の地域に人間を移動させたいと思うだろう。「土地のない人間を人間のない土地へ」。国主導の移住計画によって、ブラジル北東部に住む土地のない人々を内陸に、人であふれるジャワから無人にみえるカリマンタンに移住させようとする。この背後には、国家に味方する地政学的な関心がある。行政当局のコントロールが及ばない遠隔地は、国家組織にそれほど固く組み込まれていないから、攻撃や暴動、分離脱退しやすいという恐れがあるのだ。そうはいっても、内年式燃焼に依存する経済と技術がなければ、現実に起こっている規模と速さでの住民の移動は起こりそうにない。

　これを簡潔に示す類似したエピソードがある。ブラジルの軍事政府は1960年代に、アマゾン川流域を開発することにした。森林を伐採した土地には粗雑な道路が建設される。伐採した木は燃やされた。土地はほとんどが生産性の低い牧場であり、毎年再生するために燃やされる。アマゾン川流域には煙が充満し、地球の大気には高濃度の温室効果ガスが放出された。世界中で生物多様性や気候の変動への影響を心配する声が強まり、現地の住民は不安を感じる。燃え上がるブラジルは、来るべき環境の終末のシンボルになった。

　同様にインドネシアでも、独裁政権が遠隔地の島、とくにボルネオを開発することにした。こちらもブラジルと似た経過をたどる。道路を建設して新しい土地を開発し、その後はチェーンソーとブルドーザーに任せたのである。農地にして農民が移住した土地もあるが、最大級規模の土地はパーム・オイルの大農園に転換した。ブラジルの名高い森林には炭素を含む葉が厚く茂っているが、ボルネオには分厚い泥炭地帯があり、より高密度の炭素が貯蔵されている。この土地を排水して燃やしたため、アマゾンの開発地より広い地域が周期的に煙で包まれた。こうして21世紀初頭には、インドネシアは世界で4番目に多い温室効果ガスを産出することになる。

　どちらの土地の転換からも火の問題が発生したが、どちらも火による解決法はなかった。なぜなら、火と煙はより大きな社

会の動きから副次的に産出されるからだ。火と煙は原因ではなく症状である。これはメディアが飛びつくような、炎の燃え上がる大火ではない。しかし広範囲に計画的に燃焼した結果は、はるかに油断のならない病状を示している。こうした火と煙の暴力性は、炎の大きさや燃える時間ではなく生態的な損害から測ることができる。いくらか事態を改善する方策はあるだろうが、フランスの広さの土地から炎を根絶するのは難しい。

　こういう問題はコレラの流行のように、欠陥のある蛇口という一点から広がる接触感染ではなく、適当な環境で爆発的に開花する雑草に似ている。この影響を正そうとするなら、火だけに注目すると問題を見誤り、注意点や対処法の適用を誤るだろう。たとえば、問題は政治の場に移るかもしれない。燃焼地域では常に新たな火が燃えている一方で、空中給油機や消防隊員が火を消そうとしている。なぜなら、火災は政治界や経済界の大物の興味を引くからだ。雑草の頂点だけを切り落とせば、根から新芽が出てくる。

古い土地を離れる

　ここまでは、広大な奥地を抱え辺境をもつ急激に工業化する社会の話である。これとは逆に、たとえば地中海北部沿岸一帯のように、長い時間をかけて入植した地域をもち、ゆっくり工業化する社会もある。少し西のポトガルやスペインのガリシア地方も含むなら、地上で多くの火の跡が残る場所が含まれる。

　この一帯は、古代ローマ時代以前に端を発するとされる農業地の田園が広がり、燃やすのに便利な地勢になっている。地中海沿岸の土地は塩分濃度が高く、頑丈な耐火性植物が生えていて、火をコントロールしやすいから、このあたりの土地は千年間も燃やされてきた。けれども、人々は綿密な耕作、あるいは牧畜業という要因の中で火を理解してきた。火を刈り取って耕し、噛み砕いて踏みつけ、伐採しては植えつけて移動させ、折りたたんで束にすることさえある。ここにあるのは、人が介在する土地での人が介在する火である。時には疫病や戦争、干ばつその他の社会不安のために、飼いならした火のようには土地の手入れができず、火が一時的に野生に戻ることもあった。しかし社会秩序が回復すると、再び火をコントロールできた。

ここ数十年の事情はこれとは異なる。とくにギリシャ、スペイン、ポルトガルの例を考えてみよう。こうした国は独裁政治から脱却してEUにはいり、地球規模の市場を相手に急激な工業化が始まった。ここでもっとも目立つ現象は、地方から都市部への自然発生的な移住である。小規模な農場と社会集団からアテナ、テッサロニキ、リスボン、オポルト、バルセロナ、マドリードへ、人々は移住した。地方に残るのはますます老人と若年層だけになる。イベリア半島では、低価値の牧草地を木材林に転換しようとしたため、過疎化は以前から始まっていた。けれども、今度の移住では単に土地を放棄するだけで、後は灌木が荒々しく生い茂るのにまかせている。伝統的な火は人の手を離れ、耳に届いた扇動的な言葉と混じり合った。こうした扇動は一種の政治的放火ともいえ、大農場（多くはユーカリのような嫌がられる外来植物が生えている）を取り上げるのが目的である。火を保持する昔ながらのやり方は途絶えた。そして、広大な一帯が焼失したのだ。
　これが新しい火の景観で、爆発的な燃焼が発生しやすく、公衆の安全上と政治的必要性からだけでも、何らかの対策をとるべきだとされた。当局者は十分な防火機能をもつ国家の装置を備えて対処し、空中給油機とヘリコプターが導入され、機動力のある消火隊を創設する。火災大国と同じように炎と闘ったのである。すると、火災大国と同じ種類の惨事が起こり始めた。消防機関を再編成して、オールハザードの緊急事態対応の組織にする傾向も同じである。この傾向がもっとも進んだのがギリシャで、地方の防火業務を林野部から外して、都市主体の消火省庁に移した。それが国の混乱状態と重なって、悲惨な結果を引き起こした。
　火は周りの状況を統合する。その状況を見極めると、火の性質が見極められる。状況をコントロールすると、火をコントロールできる。ギリシャは地方のコントロール力を失った。ということは、火のコントロールも失ったのだ。荒れ狂う炎は消火しなければならない。しかしブラジルやボルネオに劣らず、政府の省庁は不穏な状況にある国土の問題に取り組まない限りは、火事を頻発区域内で食い止めるだけだろう。
　火の管理はトレリスに絡む蔦にも似て、土地の利用のあり方

と絡み合っている——これが与えられた最後通告である。地中海沿岸の火の事情は、熱帯地方の状況の忌まわしい反転現象である。熱帯地方はフロンティアを進めて、火を受け付けない森を燃焼しやすい土地に変え、地中海沿岸はフロンティアを後退させ、火を増強する生物相が残るという報復を受けた。両者は姿見に映る像のように向き合っている。どちらも火のコント

現代の光が古代の光源を明々と照らす。側面を野火に照らされるパルテノン神殿、2009年8月23日。

ロールだけでは、適切な対処法にならなかったのだ。

コントロールを失う

　ところが、防火制度が崩壊したために大火が復活したと説明がつく場所がある。その最良の例は、ソヴィエト連邦の崩壊とその政治的衛星国家といえよう。原野の消火活動は費用がかさ

むことがあり、とくに航空機器に頼ると高騰する。国家が消滅すれば、そうした費用は膨大だと感じられるだろう。火災の初期に押さえる力がなければ、火災は膨張してメガファイアになるかもしれない。

　ソヴィエト連邦は1991年に崩壊した。その後、ソヴィエト連邦の地上と空中双方の消防活動をになう強力な防火組織は、分解した国家に引き継がれることになった。ソヴィエト連邦には約8500人のパラシュート降下するスモークジャンパーがいて、ヘリコプター降下の訓練も受けており、大部分はウラル地方東部に配置されていた。1972年にモスクワとヨーロッパロシアで手ごわい広範囲の火災が発生し、この時に消火組織は大きく増強されていたのだ。ロシア連邦はこの消火戦力をそのまま引き継いだ。1992年にもモスクワ周辺で深刻な火災が発生し、組織の急激な圧縮は免れた。けれども、消火組織の規模は徐々に衰退して、消火能力も低下していった。もっとも、正式の防火管理下にある土地が減少したために、消火能力の低下の度合いは正確には測れない。

　北方の生物相地域では、火災は大体10年周期（または20年周期）で定期的に起こる。この地域の人々は農業か林業を営み、春と秋には火を燃やす。ペレストロイカの時代からは、新しい支配体制が始まる。1987年5月、おそらく1200〜1400万ヘクタールの土地がザバイカル（バイカル湖の東の地域）で焼失したが、これはその土地の消火組織の手にあまる規模だった。つまり、火の脅威は常にあり、地球温暖化の兆しのもとでは脅威が増大する可能性がありながら、火への対処能力は確実に減退していったのである。2007年には事態がさらに急速に悪化した。新しい森林法が制定され、防火の責任は国家から伐採免許をもつ企業に移されたのである。予想どおりの結果として、企業は火のコントロールの投資を節約し、消火能力はさらに低下した。とりわけ北方の土地では、防火というのは計算上のギャンブルである。というのは、防火には多額の固定費用がかかるが、火災は時おり発生するだけだから。ユーラシア大陸北部ではどこかでいつも火災が発生している。ただし、たいていの場所で、たいていの年は火災を免れる。

　ところが、2010年は例年とは事情が異なる。大火がシベリ

宇宙から観測可能な状況：煙に包まれるモスクワ、2010年8月7日。

アで広がっていたのだ。最悪の事態になったのはヴォルガ川流域で、ここでは執拗な干ばつが続いていたため、死肉が禿鷹を呼ぶように、火を呼び寄せたのである。消火機構は対処不能だった。最良の状況下なら、火は消えなくとも弱まりはしただろうが、散発的な消火活動を局地的に行う以外は、火をいくらかも止めることができず、火は移動して燃えた。けれども、この時の火災が有名になったのは、地方の田園一帯や不気味なタイガで被害があったからではなく、モスクワが煙で燻されたからである。モスクワっ子や旅行者がマスクを付けて赤の広場をよろめきながら歩き、乾霧がかかったような空は煤と煙で赤くなった。実はこの煙はメガファイアのせいで放出されたのではなく、近辺の泥炭地から飛来したのだが、世界中のメディアがこの有様をかっこうの被写体にした。小規模火災と大量の煙は大きく報道されるのだ。

　おそらく周辺の土地の事情から、どこも燃えやすくなっていたから、この地域は記録的な熱に苦しむことになった。泥炭地の燃料はそれまで排水され続け、いくらかは採掘されてきたために、燃焼材料は幅広く深く埋まっていた。天候、過去の土地利用法、火のコントロールの喪失。この三つの要素のひとつだけが相手なら、社会は対処できただろう。ふたつでも何とかできたかもしれない。しかし三つが合わさると、対処不能だった。煙を抑え込む唯一の方法は、それまでの慣行とは逆の方法

第10章　メガファイア　　183

をとって、くすぶる泥炭地帯に水を充満させ、さらに火災担当の部局が広範な対策を取り、環境問題に対処する規模で消火隊を召集することだった。

少なくともモスクワの町全体が煙に覆われるのは、ロシアに起こった惨事として人目を引く事態である。しかし、モンゴルで起こっているさらに悲惨な災害には、メディアは関心をもたない。モンゴルがソヴィエト連邦の衛星国であった頃には、この国には（歓迎されないとしても）強制された社会秩序があり、ソヴィエトをモデルにした原野火災の消火能力を備えていた。モンゴルが自立するまでは、アメリカ合衆国よりも多数のスモークジャンパーがいた。それが一夜にして粉々に砕けて、ゴビ砂漠の埃のかなたに消えてしまったのだ[1]。

国家制度はすべて停止したように思えた。経済が崩壊すると、多数の人が都会からステップに帰って行った。春だけ帰ってアカシカの枝角を（中国市場向けに）探す人もいた。けれども、風が吹き、雪は消え、草とカラマツの低木層はまだ芽吹いていない春は、大火に最適の季節である。ステップに散らばった人々の多くが料理や暖のために火を灯すが、人の手をすり抜ける火はある。火を放って乾燥した目障りな草を燃やし、市場価値のある枝角を見つけようとする人もいる。その一方で、自然は悪化する社会状況を反映してか、干ばつを繰り返す。1996年におよそ1070万ヘクタール、1997年には1200〜1400万ヘクタールの土地が焼失したが、これは前年までの年間平均の18倍程度の焼失面積にあたる。大量の火が大地を唸るように駆け抜けたのだ。

ユーラシア大陸中央部は大陸性気候で、干ばつと乾期が繰り返し訪れ、北方のタイガとゴビ砂漠に挟まれている。こうした所を開発した社会が、人工的に都市と田園に分割され、社会秩序が急激な経済的、政治的変化によって打撃を受けたのである。危ういバランスでつながった各部のたがが緩むと、モンゴルが災難に見舞われる可能性は常にあった。この国自体が人工的に構築されたような国家である。以前は社会に対する厳しい国家のコントロールを通して火を抑え込み、国主導で火災を制御していた。ところが、この草原国家の移動式テントの一部が風で吹き倒されると、他の部分も引きずられて倒れたのである。

その結果として、モンゴルは恐ろしい火災問題を抱えているのに、ここの社会が事態を改良する選択肢は皆無に近いという状態に陥っている。干ばつを止めることはできず、ステップを不燃性にすることもできない。モンゴルの社会と経済は再構成できない。内燃式燃焼を備えた道具で火を追跡することさえできない。国自体を再編成して、防火体制をモンゴル社会固有の統制下におかなければ、火の管理はモンゴル国民と同じく定住できないだろう。

コントロールをゆるめる

　アメリカやオーストラリアのような国は工業化が完了し、恒久的な火のコントロールの仕組みをもっているように思えた。こうした国で大火が再び発生するというのは、非常に驚くことかもしれない。火災が発生しても、初期消火を逃れるのは100のうち2、3だけで、大規模火災になるのは、さらにそのうちの2、3にすぎない。しかし、その少ない（0.1%）火災が全焼失面積の95%以上、消火費用の85%以上を占めている。こうした火災が最初に「メガファイア」という名前で呼ばれたが、この名前は来るべき恐ろしい事態を意味するように思えた。かつて景観をすっかり消し去った、巨大で死者を出す火災が、ポリオの変異株が再度出現したように戻って来たのだ。メガファイアという言葉もメディアの注目を集める。とりわけ地球温暖化に警鐘を鳴らす人達は、気候への脅威を明確に示しているとして、メガファイアの煙が巻き上がるのに飛びついた[2]。

　ところが、ここでも現実はもっと複雑である。とはいえ理解不能で調整策が及ばないほど複雑ではない。大火はひとつの要因ではなく、複数の要因が特定の方式で重なると発生する。原野に起こるメガファイアの要因は、環境におとらず社会的状況にも関係する。また、アメリカでは大きく逆説的に事態が転回していた。つまり、公的機関は地上の火災を増加させる目標を設定し、しかもそれを彼らの管轄下で達成しようとしたのである。そして、そのとおりになった。

　メガファイアが起こる前の数十年は、焼失面積が劇的に縮小していたが、猶予時間を与えられただけだった。しばらくは穏やかな気候が続き、消防組織は急速に機械化された。地面には

第10章　メガファイア　　185

しばしば地表火が発生したが、簡単に消火できた。こういう状況では、少額の投資で大きく報われる。だが、可燃物は増大し厚くなり続けていた。森がプレーリーを侵食し、森林では針葉樹の若木が地面から林冠までびっしり茂っていた。

火災担当部局は、火への対処能力を最大限進歩させた一方で、火が発生し得る状況も増大しているという収穫逓減の事態と格闘しなければならず、対処しにくい火災はますます難しさの度合いを増した。消火費用は増大し、とりわけ消防士の犠牲が大きくなる。それに、火が排除されると、もはや大地が必要とする生物的作用をもたらす火はなくなり、生態的な損失は財政上の損失に匹敵するまでに膨れ上がった。このため1970年代になると、アメリカの火災担当部局は、火を復活させて過去の活力を取り戻すことにした。

この頃になると、気候が変動し干ばつが起こりやすく、火災が発生する長期間の季節が重なった。大地には火がつきやすい燃料が詰まっている。地表には風で落ちた枝や低木が層になって重なり、若木の林冠の隙間は詰まってきた。点在する樹木は火の勢いと広がりを遮断する助けになるが、密接に生えると大火を助長する理想的な媒体になることが多い。これまでの火への対処法と将来の気候予想からは、多くの場所で全面的な火災が発生しやすいように思えた。

しかし、環境は火の新しい三角形の一辺にすぎない（7ページ参照）。土地利用と消火計画もメガファイアに好適になるように三角形に組み込まれていたのだ。公有地のかなりの部分が原野や公園になり、自由に燃えやすい状態にあった。また、公有地の外縁にあるかつては田園だった土地が、郊外のさらに外の居住地になっていた。ひとりが積極的な火の制御に反対すると、別のひとりは制御の増強に賛成するが、どちらも消防士を危険にさらす正当性はないと考えた。荒野は古い意味での消火を必要としない。郊外地域は人工的な土地で、これまで防御不能なことが多かったが、こういう場所だからといって、消防士を危険にさらすのは正当ではないと思われた。面倒な火事には多くの向かい火を放って間接的に抑えるのが、最良の方法であり、多数の火災は複数の火災ではなく、ひとつの複合した火災として扱うのが適当だろう。やがて、火災担当部局は消火から

撤退すべきだという意見が、多数を占めるようになった。

　簡単にいえば、火災監督部局は現存する機構の方向転換をして、焼失面積を増やすのを許容するか、または積極的に促進することにしたのである。気候、土地利用、火の利用のすべてが、同方向に進んでいた。より多くの土地が燃え、いくらかは大火になった。「メガファイア」は「ドライバー激怒症」と同じく、現代を示す比喩表現になった。この言葉が表す中身はともかく、表現はアメリカから出て同様の事情の国に広がったのである。

失われた火

　野火(のび)はコストがかかり死者を出すこともある。それでも、先進国の火災担当部局はメガファイアを心配するよりは、火事が消滅する方に大きな関心を抱いた。燃焼転移後の火災発生数は人口転移後の人口と同じく、再調達価格を達成できていない。言い換えれば、望ましい火の光景を維持するには火災数が少なすぎるのである。大半の火災担当官の判断では、生態的作用を及ぼすのに必要な種類の火災は十分に発生しなかった。ここで差し迫って問題になるのは、野火がメガファイアになるというだけではなく、そもそも有益な火災が発生しないことである。火災担当部局は焼失面積が増加する傾向を認めながら、同時にさらに多くの火災が必要だという。これは部外者の目には逆説的に映り疑問を感じるかもしれない。この逆説を簡単に解説すれば、不適切な火災は多すぎるが、適切な火災が少なかったということである。しかし、こういう見方の背後にはさらに別の見方が潜んでいる。地球には火が少なすぎるが、燃焼は多すぎるのだ。

エピローグ——ふたつの火の世界

　今日の地球上には、自然の火、人間が介在する火、産業的な火という三つの火があり、この三つはふたつの大きな燃焼世界に分裂しようとしている。地球規模でも地域的にも、この分裂は燃焼転移に伴って始まり、その境界線は明確に区別できる。たとえば、朝鮮半島のふたつの国は環境も民族も共通で、過去60年を除けば共通の歴史をもっている。しかし、半世紀前にこの半島を分断する非武装地帯ができると、火の歴史も分割した。韓国は燃焼転移を経験したが、北朝鮮は経験していない。夕方に地球の光を撮った衛星写真では——大部分は電気の光だが、韓国では点在する都市が輝いているのに、北朝鮮は暗く沈んでいるのが見て取れる。MODISを積んだ衛星が撮った屋外の火の画像では、これが逆になる。北では多くの火が境界線沿いに点々と瞬（またた）いているが、南にはあちこちでわずかに光っているだけである。

　これと同じ分断が何カ所かで進んでいるのが、地球の特徴である。たとえばヨーロッパとアフリカでも同様の分断がみられる。サハラ以南の地域では屋外で自由に火を燃やせるが、温帯性気候のヨーロッパでは燃やせないから、両地域の環境、文化、歴史はかなり異なる。もっとも、地中海沿岸部のヨーロッパでは燃焼転移が完全に終わっていない地域もあり、こういう所では野火（のび）が溢（あふ）れんばかりに発生している。また、アフリカの中ではとくに南アフリカが顕著だが、産業的燃焼が進んだために、屋外の火が急速に消えている所もある。こうした状況下では、ふたつの燃焼世界に分断する際に人間が果たす役割が大きくなる。人間は産業的燃焼の世話をするだけでなく、燃焼が他の種類の火と相互作用する仕方まで決定するようになった。アフリ

MODISから見たヨーロッパとアフリカ。アメリカ海洋大気庁（NOAA）国立地球物理データセンター処理の防衛気象衛星計画（DMSP）の夜間の光。

カには、莫大な量の化石燃料資源をもちながら、それを火力に変換して一般家庭と土地に届ける制度がない国もある。沖合では掘削装置が天然ガスを燃やして超新星のように光っている一方、大陸内部では地表火がちらちらと燃えている。北ヨーロッパでは、自然保護のために残した土地に、生態的利点の観点から火を再導入しようと苦労する国もある。

エピローグ―ふたつの火の世界

フレデリック・エドウィン・チャーチ、『死の影の谷で境界に佇むクリスチャン』、1847年、キャンヴァスに油彩。新しい火の世界に入ろうとする人間。

　実際の燃焼仕分けにまつわる力関係は、ある種の三体問題として捉えられる。相互作用する三者がどれもゆずらず、明確な解決策はないのである。稲妻は可能な場所ならどこでも、燃えるものは何であれ点火するだろうし、産業的な燃焼は人間が望めばどこでも起こる。ここで消滅に瀕しているのは、人が介在する火という中間域である。先進国は大量に化石バイオマスを燃やすが、雨が降らずに稲妻だけが起こり、自然保護区が多ければ、大量に自然発火するだろう。こうした状況で意図的に燃やす伝統が残る地域は、あるにしても多くはない。そうした地域で残っている唯一の理由は、おそらく文化的伝統が粘り強く維持されているからだろう。

　世界はおおむね、ひとつの燃焼世界か別の燃焼世界に分裂している。ひとつの状況では、稲妻と人が介在する火が共存し肩を並べている。また別の状況では、稲妻と産業的燃焼が共存する。ここで影が薄くなっているのは、人類が進化の過程のほぼすべてで支配し、火の生態的存在の仲介者として働いてきた中間の世界である。

　地球は火の惑星であり続ける。火がどのように現れ、どのよ

190　　*Fire*

うな生物的役割をもち、どういう技術的作用を及ぼすのか——これらはすべて、人間が自己をどう考えるかにかかっている。火の生き物として、火を独占する存在として、物事の偉大な計画の中で人間が占める位置をどのように理解するのか。はるか昔に取り交わしたファウスト的取引の帳尻を、どのように合わせるのか。この取引によって人間は力をもち、そのために火の応用と不在に責任をもつことになったのだ。野生の火、飼いならされた火、機械化した火。松明はまだ我々の手の中にある。三つの火をふたつの世界に分割して何かが残るとき、松明(たいまつ)は我々の頭と心の思いつきと願いのままになるのだ。

原　注

第3章

1 私の分析は R. W. Wrangham and N. L. Conklin-Brittain, 'The Biological Significance of Cooking in Human Evolution', *Comparative Biochemistry and Physiology, Part A*, 136 (2003), pp. 35-46 に準拠している。こうした考えをより詳細に（強調されてはいないが）検討したのは Richard Wrangham, *Catching Fire: How Cooking Made Us Human* (New York, 2009) で、とくに pp. 55-81 参照。（リチャード・ランガム『火の賜物──ヒトは料理で進化した』依田卓巳訳、エヌティティ出版）

2 ドイツでの研究は Wrangham, *Catching Fire*, p. 18 より引用。神話については Sir James Frazer, *Myths on the Origin of Fire* (London, 1930; reprinted New York, 1974)（ジェイムズ・フレーザー『火の起原の神話』青江舜二郎訳、角川文庫、改訂版ちくま学芸文庫）を参照。

3 Pliny the Elder and Vannoccio Biringuccio が引用されているのは Cyril Stanley Smith and Martha Teach Gnudi による翻訳と編集の *The Pirotechnia of Vannoccio Biringuccio* (Cambridge, MA, 1966; reprint), p. 336。

4 Gaston Bachelard, *The Psychoanalysis of Fire*, Alan C. M. Ross 訳 (Boston, MA, 1964), p. 60.（ガストン・バシュラール『火の精神分析』前田耕作訳、せりか書房）に引用されている。

5 Lydia V. Pyne and Stephen J. Pyne, *The Last Lost World: Ice Ages, Human Origins, and the Invention of the Pleistocene* (New York, 2012). 個々の引用については以下のとおり。Carl Sauer, 'Fire and Early Man' は John Leighly 著 *Land and Life: A Selection from the Writings of Carl Ortwin Sauer* (Berkeley, CA, 1963), p. 295、Loren Eiseley, 'Man the Firemaker' は *The Star Thrower* (San Diego, CA, 1978), pp. 47, 49、Pierre Teilhard de Chardin は *The Phenomenon of Man* (New York, 1976), p. 160（ピエール・テイヤール・ド・シャルダン『現象としての人間』美田稔、みすず書房）、Claude Lévi-Strauss は *The Raw and the Cooked: Mythologiques*, vol. I (New York, 1969), p. 164（クロード・レヴィ＝ストロース『生のものと火を通したもの（神話論理1)』早水洋太郎訳、みすず書房）; Edmund Leach は Wrangham, *Catching Fire*, p. 12 に引用されている。

第4章

1 T. H. Mitchell, *Journal of an Expedition into the Interior of Tropical Australia* (London, 1848), p. 306.

2 H. H. Finlayson, *The Red Centre* (Sydncy, 1946), pp. 64-7.

3 Aldo Leopold, *Game Management* (New York, 1933), p. xxxi.

第 5 章

1 Wallace Stegner, 'A Sense of Place', in *Where the Bluebird Sings to the Lemonade Springs* (New York, 2002), p. 205.
2 火災の詳細については Stephen J. Pyne, *Awful Splendour: A Fire History of Canada* (Vancouver, 2007), pp. 61-3 に引用付きで述べている。
3 Harrison Salisbury, *The Great Black Dragon Fire: A Chinese Inferno* (Boston, MA, 1989), pp. 159-60.
4 A. S. Jackson, 'Wildfire in the Great Plains Grasslands', *Proceedings Fourth Annual Tall Timbers Fire Ecology Conference, March 18-19, 1965* (Tallahassee, FL, 1965), p. 245 に報告。
5 10 年後に出版された V. B. Shostakovitch, 'Forest Conflagrations in Siberia', *Journal of Forestry*, XXIII/4 (1925), pp. 365-71。2010 年ロシアの火災については Johann G. Goldammer, 'Preliminary Assessment of the Fire Situation in Western Russia, 15 August 2010', the Global Fire Monitoring Center (Freiburg, 2010) による出版を参照。
6 R. H. Luke and A. G. McArthur, *Bushfires in Australia* (Canberra, 1977), pp. 339-44.
7 2002-3 年の火災についての最良の単一の要約として S. Ellis, P. Kanowski and R. Whelan, *Report of the National Inquiry on Bushfire Mitigation and Management* (Council of Australian Governments, 2004) を参照。多数の調査の概説は P. J. Kanowski, R. J. Whelan and S. Ellis, 'Inquiries following the 2002-03 Australian bushfires: common themes and future directions for Australian bushfire mitigation and management', *Australian Forestry*, LXVIII/2 (2005), pp. 76-86 を参照。

第 6 章

1 Gaston Bachelard, *The Psychoanalysis of Fire*, Alan C. M. Ross (Boston, MA, 1987) 訳, p. 7。
2 Cyril Smith and Martha Gnudi, *The Pirotechnia of Vannoccio Biringuccio* (Cambridge, MA, 1966), p. xxvii に引用されている。
3 数字は Bernard Teague, et al., *Final Report: Summary*, 2009 Victorian Bushfires Royal Commission (Melbourne, 2010), p. 15 に依った。

第 7 章

1 George Catlin, *Letters and Notes* (Picadilly, London, 1841), vol. 2, p. 17.
2 同書.
3 Stephen J. Pyne, 'Untamed Art', *Forest History Today* (Fall 2008), pp. 48-57 を参照。複製に対する偽物という主張のサンプルは、以下の記事と手紙を参照。*Life* (31 March 1941), p. 77 及び同 (21 April 1941), p. 11。オーストラリアのグループについての概論は William Splatt, *The Heidelberg School: The Golden Summer of Australian Painting* (Ringwood, Victoria, 1989) を参照。
4 Madeleine Say, 'Black Thursday: William Strutt's "Itinerant Picture"', *The La*

Trobe Journal, LXXV (Autumn 2005)、Christine Downer, 'Bushfire Panic' は Daniel Thomas 編の Creating Australia: 200 Years of Art, 1788-1988 (Sydney, 1988), pp. 44-6、及び Heather Curnow, The Life and Art of William Strutt, 1825-1915 (Martinborough, 1980)。

第 8 章

1 この部分は Stephen Pyne, 'Old Fire, New Fire', ISLE, 6, no. 2 (Summer 1999), pp. 186-7 より引用した。

2 Sir James Frazer, Myths on the Origin of Fire (London, 1930; reprinted New York, 1974), pp. 203, 226.

3 プロメテウスについての逸話は Stephen Pyne, Vestal Fire: An Environmental History, Told through Fire, of Europe and Europe's Encounter with the World (Seattle, 1997), pp. 60-61 から多少変更して引用した。

4 Pyne, Vestal Fire, pp. 76-7 に引用されている。

5 Sir James Frazer, Balder the Beautiful: The Fire Festivals of Europe and the Doctrine of the External Soul (New York, 1923), vol. 1, p. 202 に引用されている。

6 Lady Wilde, Ancient Legends, Mystic Charms, and Superstitions of Ireland (London, 1888), vol. II, pp. 113-14.

7 www.burningman.com を参照、2010 年 10 月 27 日にアクセス。

第 10 章

1 モンゴル火災の最良の記述は Global Fire Monitoring Center による報告で、閲覧は www.fire.uni-freiburg.de。たとえば http://www.fire.uni-freiburg.de/iffn/country/mn/mn_11.htm を参照、2011 年 7 月 7 日にアクセス。また Bayartaa Nyamjav et al., 'The Forest Fire Situation in Mongolia', International Forest Fire News 36 (January-July 2007), pp. 446-66 を参照。

2 Jerry Williams, '1910 Fires: A Century Later Could it Happen Again?' を参照、論文提出は the Inland Empire Society of American Foresters Annual Meeting, Wallace, ID, 20-22 May 2010、及び Jerry T. Williams and Albert Hyde, 'The Mega-Fire Phenomenon: Observations from a Coarse-Scale Assessment with Implications for Foresters, Land Managers, and Policy-Makers' を参照、論文提出は the Society of American Foresters National Convention, Orlando, FL, 2 October 2009、アクセスは ww.fsx.org/pdf/2010/1910%20fires.saf.pdf、2011 年 6 月 20 日にアクセス。

参考文献

Abbott, Ian, and Neil Burrows, eds, *Fire in Ecosystems of South-west Western Australia: Impacts and Management* (Leiden, 2003)
Bond, William J., and Brian W. van Wilgen, *Fire and Plants* (London, 1996)
Bradstock, Ross A., Jann E. Williams and A. Malcolm Gill, eds, *Flammable Australia: The Fire Regimes and Biodiversity of a Continent* (Cambridge, 2002)
Cochrane, Mark A., *Tropical Fire Ecology: Climate Change, Land Use, and Ecosystem Dynamics* (Chichester, 2009)
Cowling, Richard, ed., *The Ecology of Fynbos: Nutrients, Fire and Diversity* (Cape Town, 1992)
DeBano, Leonard E., Daniel G. Neary and Peter F. Ffolliott, *Fire's Effects on Ecosystems* (New York, 1998)
Frazer, Sir James, *Myths on the Origin of Fire* (London, 1930) ジェイムズ・フレーザー『火の起原の神話』青江舜二郎訳、角川文庫、1989 年、改訂版ちくま学芸文庫、2009 年
Goldammer, Johann Georg, and Valentin V. Furyaev, eds, *Fire in Ecosystems of Boreal Eurasia* (Dordrecht, 1996)
Goudsblom, Johan, *Fire and Civilization* (New York, 1992)
Krell, Alan, *Fire in Art and the Social Imagination* (London, 2011)
Kull, Chistian A., *Isle of Fire: The Political Ecology of Landscape Burning in Madagascar* (Chicago, 2004)
Myers, Ronald L., *Living with Fire: Sustaining Ecosystems and Livelihoods through Integrated Fire Management* (Tallahassee, 2006)
The Nature Conservancy, *Fire, Ecosystems and People: A Preliminary Assessment of Fire as a Global Conservation Issue* (Tallahassee, 2004)
Pyne, Stephen J., *Burning Bush: A Fire History of Australia* (New York, 1991)
——, *Fire in America: A Cultural History of Wildland and Rural Fire* (Seattle, 1995)
——, *Vesta l Fire: An Environmental History, Told through Fire, of Europe and Europe's Encounter with the World* (Seattle, 1997)
——, *Fire: A Brief History* (Seattle, 2001) スティーヴン・J・パイン『ファイア　火の自然誌』寺嶋英志訳、青土社、2003 年
——, *Year of the Fires: The Story of the Great Fires of 1910* (New York, 2001)
——, *Awful Splendour: A Fire History of Canada* (Vancouver, 2007)
——, Patricia L. Andrews and Richard D. Laven, *Introduction to Wildland Fire*, 2nd edn (New York, 1996)

Schroeder, Mark J., and Charles C. Buck, *Fire Weather*, Agriculture Handbook no. 360, U.S. Forest Service (Washington DC, 1970)

Tall Timbers Research Station, *Proceedings: Fire Ecology Conferences*, I-XXIV (Tallahassee, 1962-2011)

United Nations Economic Commission for Europe and the Food and Agriculture Organization of the United Nations, *International Forest Fire News* (New York, 1979-)

United States Department of Agriculture, Forest Service, *Wildland Fire in Ecosystems,* Rainbow Series

——, *Volume I: Wildland Fire in Ecosystems: Effects of Fire on Fauna*, ed. J. K. Smith, Gen. Tech. Report RMRS-GTR-42-vol. I (Odgen, UT, 2000)

——, *Volume II: Wildland Fire in Ecosystems: Effects of Fire on Flora*, ed. J. K. Brown and J. K. Smith, Gen. Tech. Report RMRS-GTR-42-vol. 2 (Ogden, UT, 2000)

——, *Volume III: Wildland Fire in Ecosystems: Effects of Fire on Cultural Resources and Archaeology,* Gen. Tech. Report RMRS-GTR-42-vol. 3 (Ogden, UT, 2012)

——, *Volume IV: Wildland Fire in Ecosystems: Effects of Fire on Soil and Water*, D. G. Neary, K. C. Ryan and L. F. DeBano, Gen. Tech. Report RMRS-GTR-42-vol. 4 (Ogden, UT, 2005)

——, *Volume V: Wildland Fire in Ecosystems: Effects of Fire on Air*, D. V. Sandberg *et al.*, Gen. Tech. Report RMRs-GTR-42-vol. 5 (Ogden, UT, 2002)

——, *Volume VI: Wildland Fire in Ecosystems: Fire and Nonnative Invasive Plants,* Gen. Tech. Report RMRS-GTR-42-vol. 6 (Ogden, UT, 2008)

Whelan, Robert, *The Ecology of Fire* (Cambridge, 1995)

Wrangham, Richard, *Catching Fire: How Cooking Made Us Human* (New York, 2009) リチャード・ランガム『火の賜物―ヒトは料理で進化した』依田卓巳訳、エヌティティ出版、2010年

Wright, Henry A., and Arthur W. Bailey, *Fire Ecology: United States and Southern Canada* (New York, 1982)

関連団体とウェブサイト

アメリカ：国立省庁合同火災センター (National Interagency Fire Center)
www.nifc.gov

オーストラリア：オーストララシア火災当局協議会 (Australasian Fire Authorities Council)
www.afac.com.au

火災生態学協会 (Association for Fire Ecology)
fireecology.org

火災歴史データ、アメリカ海洋大気庁（NOAA）古気候学 (Fire History Data, NOAA Paleoclimatology)
www.ncdc.noaa.gov/paleo/inpd/paleofire.html

カナダ：カナダ省庁合同森林火災センター (Canadian Interagency Forest Fire Centre)
www.ciffc.ca

グローバル火災モニターセンター (Global Fire Monitoring Center)
www.fire.uni-freibug.de

グローバル原野火災ネットワーク (Global Wldland Fire Network)
www.fire.uni-freiburg.de/GlobalNetworks/globalNet.html

原野火災国際協会 (International Association of Wildland Fire)
www.iawfonline.org

ヨーロッパ：火災パラドックス (Fire Paradox)
www.fireparadox.org

図 版

akg Images: p. 149; M. E. Alexander: p. 108; Amon Carter Museum, Fort Worth, Texas: p. 65; Art Gallery of Ballarat, Victoria: p. 136; Ashmolean Museum, Oxford: p. 123; Ateneum Art Museum, Helsinki: p. 22; Berkshire Museum, Pittsfield, Massachusetts: p. 116; Brooklyn Museum, New York: p. 127; Bureau of Land Management, u.s. Department of the Interior: p. 156 (bottom); ceif: p. 106 (bottom left); Canadian Forest Service: p. 28 (B. J. Stocks); © dacs 2012: p. 40; Delta Entertainment Corp.: p. 162; Department of Sustainability and Environment, Victoria: p. 87; Derby Museum and Art Gallery: p. 105; Earth Observing Satellite, nasa Earth Observatory: p. 173; Fire Museum, Yekaterinberg, Russia: p. 130 (centre); Getty Images: pp. 180–89; J. G. Goldammer: pp. 36, 66, 67, 107; Hermitage Museum, St Petersburg: pp. 145, 152; Harry Hooper: pp. 92–3; Library of Congress, Washington, dc: pp. 94 (Arnold Genthe), 156 (top); Ray Lovett: p. 21; Metropolitan Museum of Art, New York: p. 102; Mildred Lane Kemper Art Museum, Washington University, St Louis, Missouri: p. 16; Mitchell Library, Sydney: pp. 45 (Banks Papers), 54; Michigan Department of Natural Resources: p. 81; Musée des Beaux-Arts André Malraux, Le Havre: p. 91; nasa: p. 183 (Global Fire Monitoring Center); National Board of Antiquities, Finnish National Museum: p. 70 (I. K. Inha); National Collection of Fine Arts, Smithsonian Institution, Washington, dc: p. 126; National Gallery of Victoria, Melbourne: p. 132; National Library of Australia, Canberra: pp. 54, 58; National Park Service, u.s. Department of the Interior, Washington, dc: pp. 31 (top), 90, 170 (top; George Reichel), 170 (bottom; Dan Taylor), 171 (Ted Young); National Oceanic & Atmospheric Administration: p. 189 (courtesy Chris Elvidge); Olana State Historic Site, New York State Office of Parks, Recreation, & Historic Preservation: p. 190; Paul: p. 78; Stephen J. Pyne: pp. 6, 8, 20, 32, 43, 44, 51, 161; Press Association photo acknowledgements 192_208_Fire_end_Layout 1 10/08/2012 16:12 Page 201 f ire 202 Images: p. 97 (Matt Sayles / ap); © Queensland Art Gallery, Brisbane: p. 133 (Acc. 1:0612. Gift of Captain Neil McEacharn, Italy, through C. L. Harden, 1954); Rex Features: pp. 100 (Neale Haynes), 153 (Sipa Press); Royal Geographic Society, London: p. 114; Royal Ontario Museum, Toronto: p. 129 (top); C. M. Russell Museum, Great Falls, Montana: p. 129 (bottom); Saskatchewan Department of Natural Resources: p. 56; The Science Museum, London: p. 158; Andrew Scott: p. 33; State Library of Victoria, Melbourne: pp. 134–5; Scott Swanson: p. 117; Thomas Gilcrease Institute, Tulsa, Oklahoma: p. 168; Timmins Museum, Ontario: p. 82; u.s. Air Force: p. 115; u.s. Fish & Wildlife Service: pp. 25 (Gerald Vickers), 26 (John Wood), 29, 30, 31 (bottom; Troy Portnoff), 37, 89 (R. H. McKay), 175 (Tetlin nwr); u.s. Forest Service, Washington, dc: pp. 57, 106 (top & bottom right); u.s. Geological Survey, Denver, Colorado: pp. 96, 165; Werner Forman Archive: p. 139 (Liverpool Museum); Worcester Art Museum, Massachusetts: p. 12; wpaMural, Brownfield, Texas: p. 77.

索 引

あ
アイスキュロス 47
アイズリー、ローレン 51
赤い火曜日火災（1898 年）81
アグニ 101
アステカ族の火の儀式 138
アダムズ、ヘンリー 164
アボリジニ 41, 43, 45, 54, 58- 60, 114, 119, 132, 153
アボリジニの火 54
アマゾン川流域の火災 84
アムール川 76, 78
アルニカ火災 31
暗黒の金曜日火災（1939 年）81, 87
暗黒のクリスマス火災（2002 年）81
暗黒の月曜日火災（1865）81
暗黒の土曜日火災（2009 年）81
暗黒の日曜日火災（1926 年）80
暗黒の木曜日火災（1851 年）81
アントロポセン（人類の時代）10, 47, 158, 159, 168

い
イエローストーン国立公園（アメリカ）31, 84, 89, 90, 109
移動派 129
インドネシア 177

う
ウィリアムズ、フレッド 136
ウィルソン山 106
ウエウエテオトル 101
ウェスタ 22, 101, 118, 121, 144- 147
ウェスタの火 146, 147
ウラル地方の火災派 129
ウルカヌス 121, 144

え
エンペドクレス 102

お
オーストラリア 42, 43, 45, 58, 59, 76, 79- 81, 84, 86- 90, 106, 107, 118, 119, 124, 125, 129, 130- 137, 153, 169, 176, 185
オーストリア・アルプス 68

オドゥム、H・T 163
オリンピックの聖火 153

か
火災科学 51, 107, 168
火災派の絵画 125, 129
火災レジーム 17, 41, 53- 55, 63, 68, 160
化石燃料 9, 10, 47, 74, 159, 161, 166, 174, 176, 189
『火葬の薪』124
カトリン、ジョージ 125, 126
カナダ 28, 57, 75- 78, 80- 88, 106, 108, 124- 129, 166, 169, 176
カナダ省庁合同森林火災センター 88
カーライル、トーマス 11
ガリシア（スペイン）85, 178
カリフォルニア 29, 30, 97, 106, 116, 153, 173
カルノー、サディ 103, 167
環境保全のための野焼き 87, 117
韓国 188
関東大震災 95, 96

き
キケロ 110, 118
儀式 101, 122, 138, 139, 140, 144- 153
規定の燃焼 117, 118
キプリング、ラドヤード 170
キャンベラ火災 80
ギリシャ 85, 144, 152, 179
キング、フィリップ 45

く
『悔い改めるマグダラのマリア』102
クリューガー国立公園（南アフリカ）90
クレメンツ、フレデリック 105
黒い森（ドイツ）67

け
啓蒙思想 103
ゲラール、オイゲン・フォン 133
ケーン、ポール 124
原野火災 86, 88, 89, 106, 166, 175, 184

こ
耕作される火 63
国際樹冠火事モデル実験 108
黒竜江火災 76, 78
コジアスコ山（オーストラリア）90
コシエール、ヤン 121, 143

さ
砂漠の嵐作戦 115
産業革命 158, 159, 160
産業的な火災レジーム 160
産業的燃焼 163, 172, 174, 188, 190
サンフランシスコ火災 92

し
シウテクトリ 139
ジェスシタ火災 173
湿地の火災 34, 35, 37
シナイ山 102, 144
森林火災研究所 106
神話（火の） 7, 43, 46, 50, 52, 54, 65, 74, 75, 85, 101, 102, 112, 140, 141, 144, 150

す
スウェーデン 51, 107
ステグナー、ウォレス 75
ストラット、ウィリアム 133, 134, 135
ストロムロ山 78, 80

せ
セコイア 116, 170, 171

そ
ゾロアスター教 144, 150

た
大加速の時代 158
大ディズマル湿地国立野生動物保護区 37
第二次世界大戦の火器攻撃 95
大プリニウス 47, 111
ダン、ジョン 103

ち
チェサピーク湿地国立野生動物保護区 25
地質学的歴史（火の）9, 32, 157, 158, 160
地中海 65, 85, 97, 98, 107, 144, 146, 178, 180, 188
チャーチ、フレデリック・エドウィン 123, 190
中国 76, 103, 176, 184
チンチャガ火災 75, 77, 78

て
ディーズ、チャールズ 127
泥炭地の火災 16, 38, 82, 84, 177, 183, 184
テオフラストス 102, 155
デシエルト・デ・ロス・レオネス国立公園（メキシコ）7, 10

テート、A・F 127
デニソフ‐ウラルスキー，アレイクセイ・クズミッチ・129
点火 8, 14-16, 18, 22, 24, 27, 29, 37, 42, 43, 49, 51-54, 69, 110, 148, 150, 151, 190

と
ド・シャルダン、テイヤール 51
ドイツ 17, 67, 95, 107, 114, 147
東京の火災（1923 年）95
都会の火災 71, 91
ドライズデール、ラッセル 133, 136
トールグラスプレーリー保護区（アメリカ）43

な
ナポレオン 93
『生のものと火を通したもの』46

に
ニーチェ、フリードリッヒ 39
日本 95
入植地の火災 80, 84
ニューブランズウィック州（カナダ）78, 82

ね
燃焼 5, 7, 9, 12-20, 24-30, 32, 34, 35, 38, 47, 49, 53, 55, 57, 63-69, 72, 80, 95, 101-118, 124, 137, 152-167, 172-174, 177-180, 183, 185, 187, 188, 190
燃焼挙動 15, 27, 107, 108, 117
燃焼転移 159, 160, 163, 165, 166, 172, 174, 187, 188
燃料 3, 4, 7-10, 15, 18, 19, 22-30, 34, 35, 37, 43, 44, 47, 53, 63, 67, 68, 70, 71, 75, 76, 81, 83, 110, 113, 114, 115, 146, 152, 157-166, 174, 176, 183, 186, 189

の
野焼き 31, 70, 87, 117, 161
野火 9, 54, 64, 69, 80, 85, 86, 88, 89, 97, 106, 111, 115, 125, 147, 148, 161, 166, 172, 175, 181, 184, 187, 188

は
バイオマス 9, 15, 20, 24, 29, 34-36, 38, 44-47, 53, 157-164, 190
灰の水曜日（火災）81
パイロテクノロジー（火を使用する技術）13, 44, 46, 47, 53, 103, 110, 111, 113
ハヴェル、ロバート 54
パシュラール、ガストン 101
バーニング・マン 101, 153
ハリオット、トーマス 62

ひ

ピアズ、ヘンリー 149
ピエロ・ディ・コジモ 123
東カリマンタン 36, 84
ビタールート国有林（アメリカ）157
火の概念 103, 104, 166
火の儀式 101, 138, 146-150, 152, 153
火の美術 120
　　　　アメリカの 125
　　　　オーストラリアの 132
　　　　ロシアの 129
ビリングッチョ、ヴァンノッチ 47
『ピロテクニア』47
火を使用する技術 13, 110
火を使った農業 66

ふ

『ファイアプレイス：ザ・ムーヴィー』、162
ファーノウ、バーンハード 105, 169
『フィップス氏と射手が火を放って我々を追い出そうとする黒人に向かう』114
フィンリソン、H・H 59, 60, 63
フゼイン（木炭質）32, 33-36
ブラジル 84, 85, 177, 179
プラトン 99, 102, 104, 142, 143
プルタルコス 52
ブールハーフェ、ヘルマン 47
ブレイク、ウィリアム 45, 122, 158
フレイザー、ジェームズ 140, 147
プレーリー火災派 125
プロメテウス 7, 47, 52, 121, 122, 141-143

へ

ベアー渓谷国立野生動物保護区（アメリカ）117
ヘイズ、ウィリアム・ジェイコブ 16
ベインズ、トーマス 114, 124
ヘシオドス 141
ヘスティア 101, 144
ヘラクレイトス 50, 102

ほ

ボイド、アーサー 136
ボール島、シベリア 107
ポルトガル 80, 85, 98, 106, 107, 176, 179
ボルネオ 36, 84, 85, 176, 177, 179

ま

マグリット、ルネ 123, 124
マクリーン、ノーマン 90

『マクリーンの渓谷』90
マスターズ、ジョージ・C 64
マッコルガン、ジョン 157
マリポサグローブ 170
マン渓谷火災 90

み

ミズーラ火災研究所 106
ミッチェル、トーマス 59
ミラー、アルフレッド・ジェイコブ 127
ミラミチ火災群 78

め

メガファイア 5, 21, 174, 175, 182, 183, 185, 186, 187
メキシコ盆地 7, 9, 138
メチョー、フランク 77

も

モスクワ 35, 38, 79, 86, 87, 93, 120, 182-184
『森の火事』123
『森の火』130, 131
モンゴル 184

や

焼畑 4, 22, 67, 69, 73, 176
ヤルネフェルト、エーロ 22

よ

ヨセミテ国立公園（アメリカ）170

ら

ラ・トゥール、ジョルジュ・ド 102
ライセット、ジョゼフ 58
ライト、ジョセフ 105, 124, 152
ラウザーバーグ、フィリップ・ジェイムズ・ド 158
ラッセル、チャールズ・M 128
ランダウ、レイチェル 51

り

リーチ、エドマンド 51
料理のプロセス 44
林学 12, 94, 104, 105, 109, 168, 169, 171
リンネ、カール 157

る

ルクレティウス 74, 123

れ
レヴィ＝ストロース、クロード 141
レオポルド、アルド 63
レミントン、フレデリック 127

ろ
ロシア 129
ロシア絵画 129
ロベール、ユベール 120
ローマの大火（紀元後64年）91, 120
ロング、シドニー 136
ロングスタッフ、ジョン 135
ロンドン大火 72, 92, 93, 98
ロンドン大空襲 95

わ
ワイルド、レディ 150

著者◎　スティーヴン・J・パイン（Stephen J. Pyne）
アリゾナ州立大学生命科学部環境史教授、大学評議員。世界でも有数の火に関する歴史家。著書に Fire: A Brief History（『ファイア火の自然誌』寺嶋英志訳、青土社）、Vestal Fire: An Environmental History, Told through Fire, of Europe and Europe's Encounter with the World その他がある。

監修者◎　鎌田浩毅（かまた・ひろき）
京都大学大学院人間・環境学研究科教授。
1955年生まれ。東京大学理学部地学科卒業。通産省を経て97年より現職。理学博士。専門は火山学・地球科学。テレビ・ラジオ・書籍で科学をわかりやすく解説する「科学の伝道師」。京大の講義「地球科学入門」は毎年数百人を集める人気。
著書（科学）に『火山噴火』（岩波新書）、『マグマの地球科学』（中公新書）、『富士山噴火』（ブルーバックス）、『生き抜くための地震学』（ちくま新書）、『次に来る自然災害』『資源がわかればエネルギー問題が見える』『火山はすごい』（以上、PHP新書）、『地球は火山がつくった』（岩波ジュニア新書）、『地学のツボ』（ちくまプリマー新書）、『もし富士山が噴火したら』（東洋経済新報社）、『地震と火山の日本を生きのびる知恵』（メディアファクトリー）、『火山と地震の国に暮らす』（岩波書店）ほか。
著書（ビジネス）に『一生モノの時間術』『一生モノの勉強法』『座右の古典』『知的生産な生き方』（以上、東洋経済新報社）、『成功術　時間の戦略』『世界がわかる理系の名著』（以上、文春新書）、『一生モノの英語勉強法』（祥伝社新書）、『京大理系教授の伝える技術』（PHP新書）ほか。
ホームページ：http://www.gaia.h.kyoto-u.ac.jp/~kamata/

訳者◎　生島　緑（いくしま・みどり）
1948年生まれ、関西学院大学文学部英米文学科卒業。訳書に『ネイチャー・ワークス』（同朋舎出版）、翻訳協力に『図説　天使百科事典』（原書房）ほか多数。

FIRE : Nature and Culture
by Stephen J. Pyne first published by Reaktion Books
in the Earth series, London, UK, 2012
Copyright © Stephen J. Pyne 2012
Japanese translation rights arranged with Reaktion Books Ltd
through Owls Agency Inc.

図説　火と人間の歴史
●
2014年2月4日　第1刷

著者…………スティーヴン・J・パイン
監修者…………鎌田浩毅
訳者…………生島緑
発行者…………成瀬雅人
発行所…………株式会社原書房
〒160-0022 東京都新宿区新宿 1-25-13
電話・代表　03(3354)0685
http://www.harashobo.co.jp/
振替・00150-6-151594

装幀……………村松道代（TwoThree）
印刷……………株式会社東京印書館
製本……………小髙製本工業株式会社

©Hiroki Kamata / BABEL K. K. 2013
ISBN 978-4-562-04948-6, printed in Japan